石田慶和集 Ⅰ

宗教入門

―世俗化と浄土真宗―

石田慶和

宗教入門

―世俗化と浄土真宗―

石田慶和

宗教入門 ― 世俗化と浄土真宗 ― 目次

第四章　問われる宗教者の姿勢

＊聖教の引用については、
『浄土真宗聖典（註釈版）第二版』は『註釈版聖典』
『浄土真宗聖典（七祖篇）註釈版』は『註釈版聖典（七祖篇）』
と略記しています。

第一章　宗教とは何か

人生と宗教 ― 宗教的要求

生きることの意味

私たちが生きているこの現代の世界は、親鸞聖人《しんらんしょうにん》（一一七三―一二六三）や蓮如上人《れんにょしょうにん》（一四一五―一四九九）のいらっしゃった頃の世界とはすっかり変わったものとなっています。それはただ時代が違うというだけのことではなく、人間の考え方、いろいろなもののあり方など、すべてにわたって変わってしまったと言わなければなりません。毎日の生活、衣食住、交通・通信の手段、社会の制度、政治や経済の構造等、五十年、百年ほど前の状態とは比較できないほど変化しています。

その変化を推進したのは、言うまでもなく近代科学とその応用である技術の力です。自然科学の分野での発展だけではなく、社会科学・人文科学の分野でも、多くの成果があげられ、人間と世界に関する知識は飛躍的に増大しました。その結果、人間の生活は改善され、便利になり、多くの病気は治療され、平均寿命も長くなりました。しかしその反面、いままでとはちがった問題が出てきたことも否定できません。

生命倫理や環境汚染の問題もそうですが、それよりも大きな問題は、人間が自らの生きる意味を見失ったという問題です。何のために生きているのか、何を目的として人生があるのか、そういう問いに対して答えが見いだせなくなってしまったのです。それは近代科学の世界や人間についての見方が、それ以前の宗教的な見方とまったく異なっているということと無関係ではありません。世界や人間についての見方が根本的に変わってしまったことによって、私たちは生きていることの意味や目的を見失ってしまったのです。

たとえば、この世界は何億光年という広がりをもった宇宙空間であり、その中には太陽系を含むような小銀河宇宙が無数に存在し、その全体は現在も猛烈な速度で拡大しているといった世界観、しかもそのような宇宙は、個々の人間の生死になんのかかわりもなく、物理的な生成と消滅をくりかえしているといった世界観は、いったい人間存在にどんな意味を与えるのでしょうか。そういう広大な世界の中で、人間はほんの一瞬、地球という小惑星の上で生命を営む存在にすぎず、多少の長短はあっても、プランクトンや微生物などと同じということになるでしょう。そこには、底知れぬ虚無感というものがただよっています。

また、人間は生物学的には他の哺乳類《ほにゅうるい》と同じで、進化の過程から言えばチンパンジーやゴリラと親近関係にあるという見方は、「万物の霊長」といった人間観や、ロゴスをもった存在という捉え方とは異質のものです。もちろん、そのことによって生物としての人間の理解は深まったでしょうし、それによって医療が進歩したことは確かでしょうが、人間存在の独自な意義というものは見失われてしまいます。人間は他の動物と同じように、ある条件の下で生きたり死んだりしているだけのことです。特別な使命をもっているわけではなく、特別な位置を与えられているわけでもありません。

そうした世界観や人間観には、個々の人間に生きる意味を与えたり、目的を示したりするものが何もないのです。そこで人間は現実の生活の中で直接に生き甲斐や目的を見いだそうとします。それが地位や名誉や家庭や財産であり、仕事や趣味なのです。しかしそうしたものはすべて相対的なもので、絶対的なものではありません。ということは、結局のところ生きる意味や目的にはならないのです。一時的に熱中できても、究極的に心を捉えるにはいたらないのです。それに、多くの障害や困難が襲います。そこで人間は深い絶望や挫折を経験せざるをえません。宗教の問題は実はそこから起こってくるのです。

相対的なものと絶対的なもの

ＮＨＫ早朝のラジオ番組に「こころの時代」という放送がありますが、その中でこういうことを聞きました。あるクリスチャンの女性医師が、病気で亡くなる前にフランスのルルドへ巡礼をされました。ルルドはヨーロッパではよく知られた場所で、奇跡が起こると言われていて、多くの人たちが巡礼をされるのです。

おそらくその医師も奇跡を願ってその地を訪れたのでしょう。ところが、そこで彼女は治療の困難な病気をもった多くの子どもたちを見ました。そして、もしも奇跡が起こるなら、自分にではなくて、この子どもたちに起こってほしいと祈ったということです。

私はそれを聞いて、奇跡ということはそういうことだと思いました。子どもたちを見るまでは、その医師は自分の病気が奇跡的になおることを願っていたのかも知れません。神仏に祈るということは、ふつうそういうことです。しかし、難病で苦しむ子どもたちを見た時、その人の心に大きな変化が起こったのです。自分よりも、この子どもたちに奇跡が起こってほしいという気持ちは、自分のいのちよりも大切なものがあるという発見です。そういう転換を起こすということが、奇跡というものではないでしょうか。

合理的・科学的な考え方では奇跡は否定されます。その医師も健康な間は決して奇跡を認めなかったでしょう。しかし、自分が不治の病気になると奇跡をもとめます。それは当然のことで、誰もそれを笑うことはできません。しかしそれは本当の宗教的な態度とは言えません。そういう態度は科学と衝突するでしょう。しかし、不治の病気に冒《おか》されている子どもたちを見て、この子たちに奇跡が起こってほしいという気持ちは、まさしく宗教的な気持ちです。この場合、奇跡が起こる起こらないということは問題ではありません。その医師の心に変化が起こったことが問題なのです。そこで彼女は他者のために自分を捨てることができたのです。この時、子どもたちのためなら彼女はよろこんでいのちを捨てるでしょう。それが信仰ということではないでしょうか。

　私たちは、ふつう宗教は科学ができないこと、科学では解決しないことをするように誤解しています。現にそういうことを言いふらして、いろいろな問題を起こしている似非《えせ》宗教団体もあります。しかし本来宗教はそういう不合理なものではありません。科学の考え方とは違う世界観・人間観をもっていることは確かですが、それは科学と同じ次元で真理性を争うものではありません。地球の彼方に多くの天体があるように、天国や浄土があると言っているのではありません。天国や浄土は、私たちの生きる意味というものに深くかかわっている世界なのです。それなしには私たちの生そのものが空しくなる、そういう世界として天国や浄土というものが語られるのです。

神や仏ということも同じです。ロシアの作家ドストエフスキー（一八二一―一八八一）に『罪と罰』という小説がありますが、その中でソーニヤという悲惨な生活をしている女性に主人公のラスコーリニコフという青年が聞きます。「何もしてくれないのに、どうして君は神さまなんか信じているのか」と。そうすると、ソーニヤは「神さまなしでどうして私が生きられるでしょう」と答えます。どういう生活をしていても、それには関係なく、ソーニヤにとっては神さまは自分の生きる基礎であり、意味なのです。神なしには生きられないということがキリスト教の信仰の根本なのです。

私たちにとっては、阿弥陀さまの本願なしには生きられないということです。

本願を信じられる、信じられないということではなしに、本願によっていのちを与えられているということが念仏者の根本ではないでしょうか。

宗教的要求

宗教的要求ということについて、西田幾多郎《きたろう》先生（一八七〇―一九四五）はこうおっしゃっています。

宗教的要求は自己に対する要求である、自己の生命に就《つ》いての要求である。我々の自己がその相対的にして有限なることを覚知すると共に、絶対無限の力に合一して之に由《よ》りて永遠の真生命を得んと欲するの要求である。

（『善の研究』一八一頁、岩波文庫）

西田先生は石川県のご出身で、京都大学で教鞭《きょうべん》をとられ、西洋哲学の深い造詣《ぞうけい》をふまえて、東洋思想に基礎をおいた独自の哲学を形成された方ですが、宗教についても東洋の宗教、とくに仏教についての体得に基づいた理解を示されています。ここにあげた文は、西田先生の最初の著作である『善の研究』の第四篇「宗教」に記された先生の宗教論の文で、宗教を外から理解するのではなく、あくまで自らの主体的な問題として理解しなければならないとする見地からおっしゃっている言葉です。

宗教を理解する鍵は宗教的要求にある、宗教的要求とは自己自身の根本的なあり方についての要求であるとする立場から、西田先生は上記のように述べておられるのです。私たちが宗教を理解しようと思うならば、まず自らのうちに永遠の生命を得たいという要求があることに気づかなければなりません。人間というものは、ただ本能的欲求や文化的要求を満たし、毎日が楽しく暮らすことができればそれでよいというものではありません。つねに意識してはいないとしても、相対有限なる自分であることを自覚して、それを克服したいという願いをもっているものです。

死を怖れるということも、実はそういう願いと結びついているのです。相対有限ということは、私たちのするあらゆることが絶対的な意味をもたないということです。およそ形のあるすべてのものは、永続するものではありません。地位も名誉も財産も家族も業績もすべてのものは無常です。人は死して名を残すとか、芸術は永遠だとか言いますが、実際は歴史上に名を残す人はほんの少しですし、それも毀誉褒貶《きよほうへん》さまざまです。芸術作品にしても、膨大《ぼうだい》な制作量からすれば、残るものは微々たるものです。そうしたものよりも、自分がどうあるか、それが問題なのではないでしょうか。

そこで、西田先生はこういわれます。

宗教的要求は我々の已《や》まんと欲《ほっ》して已む能《あた》はざる大なる生命の要求である、厳粛《げんしゅく》なる意志の要求である。（中略）宗教は己の生命を離れて存するのではない、その要求は生命其者《そのもの》の要求である。（中略）真摯《しんし》に考へ真摯に生きんと欲する者は必ず熱烈なる宗教的要求を感ぜずには居《お》られないのである。

（『善の研究』一八二〜一八五頁、岩波文庫）

宗教的要求は、やめようとしてもやめることのできない生命の要求であり、生命を離れてあるものではなく、生きているということに結びついて発する要求である。生きていることに真面目であろうとする者は、そういう自分の生命の底から起こってくる宗教的要求というものを感じないではおれない。

宗教的要求など私は感じないという人があるかもしれませんが、それは、これこれの宗教を信じようという気持ちはないということで、ここでいう宗教的要求は、そうした特定の信仰をもとうということではありません。むしろ私たち人間が生きているうえで漠然と感じる不充足感、もっと強く言えばなんとも知れぬ不安をいうのです。なぜそういう不安をもつのか。それは人間が単なる意識をもつ存在ではなく、自覚をもつ存在だからというよりほかはありません。

自己の変換

西田幾多郎先生は、

真正《しんせい》の宗教は自己の変換、生命の革新を求めるのである。（中略）一点尚《なお》自己を信ずるの念ある間は未だ真正の宗教心とはいはれないのである。

（『善の研究』一八一頁、岩波文庫）

ともいわれています。

生きることに不安をもつということを、肯定的・積極的に考えるか、否定的・消極的に考えるかというところで、宗教への関心がわかれます。肯定的というのは、それが人間の一つの可能性だと考えるということで、そこから求道が始まります。否定的というのは、その不安から出ようとしない、むしろそれを人間に与えられた罰と考えて、悲観的に人生をおくるということです。多くのすぐれた宗教人が前者の途《みち》を歩んだことは、言うまでもないでしょう。そこから転換が起こります。

宗教的な転換というのは、生命の革新です。パウロが、

わたしは、キリストと共《とも》に十字《じゅうじ》架《か》につけられています。生《い》きているのは、もはやわたしではありません。キリストがわたしの内《うち》に生《い》きておられるのです。

（「ガラテヤの信徒への手紙」『聖書　新共同訳』新三四五頁・上、日本聖書協会）

というように、古い自己が死んで新しい自己が生まれるというところに宗教的な転換の意味があります。仏教では、禅で「大死一番《たいしいちばん》」（『碧巌録《へきがんろく》』中巻・九六頁、岩波文庫）といい、浄土教でも「前念命終《ぜんねんみょうじゅう》・後念即生《ごねんそくしょう》」（『愚禿鈔《ぐとくしょう》』、『註釈版聖典』五

○九頁）ということを申します。その場合に、少しでも自己の能力にたよるということろがあれば、新たな自己の誕生ということは起こりえません。「自己を捨てる」とか「自己を離れる」ということが、あらゆる宗教に共通のことと言えるでしょう。

　そんなことができるのかと思われるかも知れませんが、我執とか自執というものから解放されるところに宗教の本質があり、それは自分の力によってはできることではないのです。そこに他力とか本願力のはたらきとか、また神の恩寵《おんちょう》によるとかいわれる根拠があります。自分の力でそれが可能ならば、それは一つの自己向上にすぎません。

　アメリカの心理学者のウィリアム・ジェイムズ（一八四二―一九一〇）は、『宗教的経験の諸相』という著作において回心《かいしん》という宗教的経験を取りあげ、心理学的に解明しました。それによると、宗教的な心のひるがえりは、自分は不幸で邪悪で劣等であると思いこんでいた者が、なんらかの機会に宗教的実在を確証して、一転して自分は幸福で優秀で公正な人間になったと心を転じる、漸次的《ぜんじてき》、あるいは突発的過程であると説明しています。そして、回心によって特別なしるしや能力が生まれるのではなく、心のエネルギーの中心を宗教的な観念群が占めるようになるといっています。

また同じアメリカの心理学者C・プラット（一八九四―一九七九）は、感情的な回心と知的な回心とを区別し、ドラマチックな激しい感情の交代よりも、徐々に優れた人格が形成される後者の回心を高く評価しています。

いずれにしても、人間の心というものはなんらかの機会に大きな転機を経験するということがありうるのであり、それが宗教というものに深くかかわっているということができます。しかしそれは、決して不合理な特別の力の獲得や、超自然的な知覚といったものではなく、むしろいろいろなことにとらわれている私たちのあり方を根本的に変換するものであり、それによって最も自然な生き方を実現するというような意味をもつ経験であると言えましょう。

人間にとって本質的なそういう経験がどうして可能なのかを明らかにするものとして、深層心理学は無意識の領域のはたらきを研究し、多くの業績をあげました。とくにユング（一八七五―一九六一）はフロイト（一八五六―一九三九）と違って宗教の意味を重視し、それが人間の精神生活に重要な位置を占めることを明らかにしています。宗教的経験というものは誰もがするものではありませんが、その意義は人間にとって決して少ないものではありません。それは芸術的な創作にかかわる経験と同様なところがあります。

宗教的生―主客合一

西田先生は、そういう経験を主客合一の経験とおっしゃいました。そしてそれが愛ということにほかならないと考えられました。それは宗教的な生というもののあり方をよく捉えているように思います。

自他合一、其間《そのあいだ》一点の間隙《かんげき》なくして始めて真の愛情が起るのである。（中略）親が子となり子が親となり此処《ここ》に始めて親子の愛情が起るのである。（中略）我々が自己の私を棄てゝ純客観的即《すなわ》ち無私となればなる程愛は大きくなり深くなる。（中略）仏陀の愛は禽獣草木《きんじゅうそうもく》にまでも及んだのである。

（『善の研究』二一一頁、岩波文庫）

キリスト教でアガペーといい、仏教で慈悲というはたらきは、宗教的な生を表現するものです。西田先生はそれを親子の関係で言おうとされています。「親が子となる」ということは、親が親の立場を捨てて子の立場にたつということです。ふつう私たちはそういうことをしないで、親は親の立場で子をみます。そんなことをしていると将来苦労をするから、親の言うことをきいてこうしなさい、ああしなさい、と言います。そうすると、子は子の立場で、ほっといてほしい、私は私の生き方があると言います。そういう時には、どれほど親が子を思い、子が親を思っていても、親子の心は通じません。親が親の立場を捨て、自分が子であった時のことを思いだし、その時どう思ったかを考えてみる、子は子で親がどう思っているかを考えてみる。それぞれ自分の立場というものを離れて相手の立場に立てば、かえってそこで心が通じるのです。それが「私を捨てて」ということです。

キリスト教のアガペーや仏教でいう慈悲とは無私となることであると、西田先生はおっしゃっているのです。イエスも釈尊も無私の人です。さとりの立場を捨てて衆生を救済しようとすることが悲願ということです。罪なくして十字架につくということも、そういうことでしょう。その愛の心に私たちが触れることによって、私を捨てて従う。それが信仰ということです。私を捨てるということがなければ、仏、あるいはイエスとひとつになるということは起こりません。そういうことが起こらなければ、宗教的生というものは開かれません。

現代では、宗教的生というものについても、なまぬるい説明しか聞かれなくなってしまいました。しかし、本当の宗教的な生き方は厳しく激しいものです。それは指導者の言うことなら、何でも無条件・無批判に聞くということではありません。それは生死《しょうじ》を超えることにおいて、私を厳しく捨てる。そのように自己を否定するということなのです。それが絶対的なものに絶対的に対するということです。ハルマゲドン（最終戦争）や地球の破滅から自分たちだけが生きのびるために、どんな反社会的な行為でもするというようなことは、宗教的な意味での「自己を捨てる」ということとは何の関係もありません。

「父よ、若《も》しみこゝろにかなはゞこの杯《さかずき》を我より離したまへ、されど我が意のまゝをなすにあらず、唯《ただ》みこゝろのまゝになしたまへ」とか、「念仏はまことに浄土にむまるゝたねにてやはんべるらん、また地獄におつべき業《ごう》にてやはんべるらん、総じてもて存知《ぞんち》せざるなり」とかいふ語が宗教の極意である。

（『善の研究』二一三頁、岩波文庫）

この西田先生の言葉に、宗教というものの本質があります。ここには自分の願いや思いというものを捨てて神にまかせる。あるいは「よきひと」法然聖人についていくという全幅の信頼が語られています。その信頼、信順ということに、人間が生死を超える唯一の道があると言ってよいでしょう。

現代に生きる宗教

現代の人間にとっては、天国に生まれるとか浄土に往生するということは、切実な問題にはならなくなりました。リアリティがなくなったと言ってよいかもしれません。それが生きる意味を失ったということに結びついているのですが、それでは死ぬことに不安がなくなったかと言えば、決してそうではありません。むしろ一層その不安が深くなったようです。心の帰すべきところがない、依りどころがないということが、不安の根本です。

自分が死んだ時の葬式の仕方を決めたり、お墓をたてたりすることは、何の意味ももちません。近頃、話題になっている死者の灰を撒くとか、散骨をするとかいうことも、死後の遺体をどう処理するかというだけのことで、残された人間のすることです。自分が直面する死という事実にかかわることではありません。

死を克服するということは、生死を超えるということで、それは仏教でいう「生《しょう》死出《じい》づべき道《みち》」（『恵信尼消息』第一通、『註釈版聖典』八一一頁）を見いだすということにほかなりません。生まれたかぎりは死なければならないというあり方そのものを超えることによってしか、生死を超えることはできません。親鸞聖人の求められたのはそういう道だったのです。では、聖人はどのようにして生死を超える道を見いだされたのでしょうか。それは「よきひと」法然聖人のお言葉を聞いて信じることによってでした。

たとひ法然聖人《ほうねんしょうにん》にすかされまゐらせて、念仏《ねんぶつ》して地獄《じごく》におちたりとも、さらに後悔《こうかい》すべからず候《そうろ》ふ。

（『歎異抄《たんにしょう》』第二条、『註釈版聖典』八三二頁）

というのは、親鸞聖人のいつわらぬ告白です。ここに生死を超える道が示されているのです。西田先生がいわれるように、念仏が極楽に生まれるたねなのか地獄に堕ちる業なのか知らない、私はただ法然聖人のおっしゃることを信じる、というのが宗教の極意です。

それは、「いづれの行《ぎょう》もおよびがたき身《み》」（『同』八三三頁）という深い自覚に裏付けられているのです。生死出づべき道を求めて修行しても、自分の力ではそれに達することはできない。たまたま遇《あ》いがたくして遇った善知識《ぜんぢしき》が「ただ念仏《ねんぶつ》して、弥陀《みだ》たすけられまゐらすべし」（『同』八三二頁）とおっしゃった、それに信順しよう。そのお言葉は阿弥陀さまの喚《よ》び声なのだ。この道しか私の歩むべき道はない。いやこの道こそ私の歩むべき道なのだ。そういう思いが親鸞聖人の心を占めたのではないでしょうか。

そこから、その信順の心も阿弥陀さまから与えられた信心だったのだということも明らかになってきます。それは、そのように仏さまに信順しようという心が起こったということが、不思議だからです。どうしてそういう心が起こったのか。それは阿弥陀さまから与えられたのだと、親鸞聖人は受け取られたに違いありません。善知識のお言葉を聞いて、「心《こころ》を至《いた》し信楽《しんぎょう》して」（『教行信証《きょうぎょうしんしょう》』「信巻《しんかん》」、『註釈版聖典』二一二頁）と、己を忘れて如来の願船に乗托《じょうたく》する心が起こったのは、すべて如来のもよおしによるものだ、と親鸞聖人は気づかれたのです。

日常の生活の中で、自分の欲望や関心から離れられず、迷いの境涯《きょうがい》から脱しえない私たちが、そういう迷いから出ていのちの源に達しうるのは、ただ一つ、己を捨てて本願の名号《みょうごう》に帰する道しかありません。名号はまさに迷いのただ中にいる私たちへの喚び声であり、それは生死を超えたさとりの世界から発する私たちへのメッセージです。その喚び声を聞いてそれとひとつになることによって、私たちは生死の大海を渡ることができるのです。それは時代を超え、場所を超えた永遠の真理ということができるでしょう。

現代の人間の迷いやとらわれを転じ、人間として生まれたことの意味を本当に教えるのは、親鸞聖人の教えられた本願名号の道以外にはありません。

世俗化と人生の意味 ― 生死を超える

高齢化社会の到来―現代日本の問題点

現代の世界の多くの国においては、近代ヨーロッパの自然科学、とくに医学や生理学の発展や、生産手段の発達による生活条件の改善などによって、人間の寿命が延び、高齢化の時代を迎えています。我が国においても、伝染病が次々と制圧され、また乳幼児の死亡率も急減し、日本人の平均寿命は、二〇〇〇（平成十二）年現在、男子七十七歳、女子八十四歳と大幅に伸長しているようです。二十世紀には、戦争や災害で多くの人命が失われたにもかかわらず、今日こうした高齢化社会を迎えたことは、人類にとって一面では確かによろこばしいことと言えましょうが、しかし他面では、そこに多くの問題も起こってきていることに気づかざるをえません。その一つは、人間が自らの生きることの意味を見失ってきたということです。

たとえ長寿をめぐまれても、自分が何のために生きているのか、何によって生きているのかわからないような人生は空しいものです。そのことを鋭く指摘されているのは、聖路加《せいるか》看護大学（現・聖路加国際大学）の学長をしていらっしゃった日野原重明《ひのはらしげあき》先生（一九一一―二〇一七）です。先生は、現代の医療のあり方に関するたくさんの書物を書いていらっしゃいますが、その中でくりかえして「生きることは、量ではなく質である」ということをおっしゃっています。平均年齢がどれほど延びても、生きている意味を見失った人間がふえるだけのことなら、それはよろこぶべきこととは言えないとおっしゃっています。自分は何のために生きてきたか、自分の人生は何であったかを知ることによって、初めて人間は老後も安心して生きてゆけるし、また安心して人生を終わることもできるのではないでしょうか。それが生き甲斐というものです。

先にも触れましたが、あるクリスチャンの女性医師が不治《ふじ》の病にかかり、最後にフランスのルルドへ巡礼に行きました。そして、そこで多くの難病にかかった子どもたちに会い、その時、小児科医であった女性は、「私の病気をなおす奇跡ではなく、この子たちの病気をなおすような奇跡を起こしてくだいますように」と祈られたという話を聞いて、私はたいへん感動しました。

ここでは、キリスト教でいう「隣人愛」ということも大きなテーマであるかもしれません。その医師は、自分のことよりも、子どもたちのことを神に祈られたのですから、隣人への愛に目覚められたとも言えます。しかし私はそれだけではない、もっと人間にとって重要な事柄が、ここには語られていると思いました。その人にとって、この場合、奇跡によって自分の病気が癒され生命が延びることが大切なのではなくて、難病に苦しむ子どもたちの苦しみが癒されることが大切になったのです。そこに大きな心のひるがえりがあります。おそらくその医師は自分の不治の病がなおるような奇跡を望んでルルドへ行かれたのでしょうが、難病に苦しむ子どもたちを見て、何とかして自分のいのちを延ばしたいという願望を捨てることができたのです。そしてそのことによって、死の不安を克服することができたと言えましょう。自分の病気よりも子どもたちの病気をなおしたいという心のひるがえりは、奇跡と言ってよいものです。生きることの質とは、そういうことをいうのではないでしょうか。

その人にとって、もはや自分に奇跡が起こって病気がなおるかどうかということは問題ではなくなったのです。自分の強い願望を捨てることは、人間にとって容易なことではありません。自分の生命に関することならなおさらです。しかし自分の願望を捨てる、自分のいのちへのとらわれを捨てることによって、初めて私たちは死の不安を克服することができるのです。その医師は子どもたちを見て、自分のいのちへのとらわれを捨てたのです。それは同時に、より深いいのちに目覚めるということだったと言ってよいでしょう。それが「信仰」ということです。「信仰」によって、初めて私たちは死の不安を克服できるのであり、逆に言えば、死の不安を克服できるのは、そういう宗教的な心のひるがえりしかないと言えるのです。

そういうことが理解されなくなってきたのが、現代という時代の一つの特色です。価値の多様化と申しますが、実際はそのために、自分の一切の願望を捨てうるような本当の価値が見失われたのが、現代ではないでしょうか。

近代社会の特色―宗教性の欠如

近代社会の特色はどこにあるのでしょうか。その大きな特色の一つは、「世俗化」ということにあるといわれます。

「世俗化」にはいろいろな意味がありますが、その最もよく知られた意味は、社会から宗教の影響力が失われたという意味です。とくにヨーロッパでは、ローマカトリック教会の力が強かった中世においては、キリスト教の影響力は絶対的なものでしたが、時代とともにそれが次第に衰退し、十八世紀以降にはその様相がすっかり変わってしまいました。その背景には、近代の科学、とくに自然科学の発展による世界観・人間観の変化ということがあります。近代科学の知見によって、キリスト教的な世界観・人間観が失われ、それにともなって、キリスト教に対する信頼感も失われていったのです。たとえば、中世神学の背景であった天動説に対して、ガリレオ・ガリレイ（一五六四―一六四二）やケプラー（一五七一―一六三〇）の主張する地動説が正しいと考えられるようになり、また神による万物の創造という説に対して、ダーウィン（一八〇九―一八八二）による生物進化論の説が正しい説として、次第に受け入れられるようになっていきました。

我が国においても、明治維新までは、徳川幕府の政策もあって、宗教、とくに儒教や仏教の社会的な影響力は大きかったのですが、ヨーロッパ文明を積極的に受け入れた明治以降は、急速にその影響力が失われたと言ってよいでしょう。

その原因の一つは、やはり西欧の自然科学的な世界観・人間観の受容にあります。古代や中世の仏教的な世界観・人間観、たとえば須弥《しゅみ》山説《せんせつ》や六道輪廻《ろくどうりんね》といった考え方にかわって、実験・観察に基づいた科学的な世界観・人間観は、教育を通して一般の人たちに浸透し、ゆるぎない知識として確立してゆきました。今日では、科学的な宇宙観や生命観は、当然のこととして受け取られています。そのことによって、我が国は近代国家として自立することができたわけですが、他面では伝統的な宗教の社会的影響力が大きく失われたことは否定できません。明治政府は、従来の仏教的な考え方にかえて国家神道による宗教政策をとりましたが、社会全体の世俗化という方向は動かし難いものであったということができます。

国家神道は、現実生活に関しては、ある意味では現世主義で、その点では近代科学の現実中心の立場と抵触《ていしょく》しなかったように思われます。近代科学と思想的に衝突するのは、仏教やキリスト教といった現世否定の精神に貫かれた世界宗教であって、その相克《そうこく》と葛藤《かっとう》に「世俗化」ということの意味があるのです。

その「世俗化」の進行によって、最も深刻な影響を受けたのは仏教であったということができます。仏教の教えの前提でもあった善因楽果《ぜんいんらくか》・悪因苦果《あくいんくか》という因果応報《いんがおうほう》思想は、所謂《いわゆる》過去・現在・未来という三世思想とともに、次第に退けられてゆきます。過去世の因が現世で果としてあらわれ、現世の因が未来世で果となってあらわれるという思想は受けいれられなくなり、それにともなって日本人の道徳意識も変化してきたと言ってよいでしょう。勧善懲悪という考え方は、演劇や芸能には残っていても、一般の人たちのモラルとしては、次第に力を失っていったのではないでしょうか。徹底した現世主義、現実生活がすべてという考え方は、現代の日本人の心の中に大きな位置を占めています。

原因・結果の関係を現象の世界においてのみ捉える、科学的な考え方においては、過去世・未来世というような人間の直接的な知覚を超えたレベルについては、判断ができないとされます。ふつうの人たちの考えでは、判断ができないということは本当ではないということになります。地獄や極楽という宗教的な世界についての信頼が失われていった背景には、そうした人間の考え方の根本的な変化があったと言えましょう。

そうしたものの考え方の変化に応じて、人間の生き方についても大きな変化が生じてきます。それは自分の生きている意味がわからなくなってきたということです。一方では、人間は科学的な探求によって、極微の物質についても、あるいは宇宙の果てにとどくような極大の世界についても、多くの知識を獲得しましたが、他方では、自分という人間の存在そのものがわからなくなってきました。人間が人間自身にとって不気味《ぶきみ》なものとしてあらわれてきたと言ってもよいでしょう。ゴーギャン（一八四六―一九〇三）というフランスの有名な画家に、「我々はどこから来たのか　我々は何者か　我々はどこへ行くのか」という題の絵がありますが、まさにそういう問いに答えられなくなってしまったのです。

そして、そこからあらためて「死の不安」というものがあらわれてきます。自分の存在が永遠に失われる死というものが、底知れない恐れをともなって立ちあらわれてくるのです。現代の人間のおかれている精神状況はそういう状況ではないでしょうか。

現代人の問題――生き甲斐の喪失

現代の人間にとって生きる意味とか生き甲斐が見失われたという背景には、こういう思想的な問題があることに気づかなければなりません。従って、今日では、気持ちのもち方や考え方の転換によって、生き甲斐を見いだすということはできないと言ってよいでしょう。生きる意味や生き甲斐を見いだすためには、長い歴史の中で人類が育ててきた、いやむしろそれによって育てられてきた、仏教やキリスト教といった伝統的な宗教が教えていることをあらためて理解し、その深い内容を受け取り直すということによるしかありません。それはどういうことでしょうか。

仏教やキリスト教の教えてきたことは、根本的には「生死を超える」ということです。「生死を超える」とは、仏教では「生死輪廻《しょうじりんね》」を超えるということで、それは生きることに対する私たちのとらわれを、いったん断ち切るということです。それによって、初めて私たちは死の不安を克服することができるのです。先の女性医師の例で言ったように、この場合、いつまでもこのままで生き続けたいというような自分の強い願望を捨てるということが肝心《かんじん》なことであり、それは自分についてのとらわれを捨てるということです。それによって、人間は死の不安を超えることができるのです。

仏教やキリスト教はそのことを教えようとしています。たとえば、『新約聖書』には、キリストの、

わたしは復活《ふっかつ》であり、命《いのち》である。わたしを信《しん》じる者《もの》は、死《し》んでも生《い》きる。生《い》きていてわたしを信《しん》じる者《もの》はだれも、決《けっ》して死《し》ぬことはない。

（「ヨハネによる福音書」『聖書　新共同訳』新一八九頁・下）

という言葉が記されています。キリストを信じることによって、死を超えることができることがいわれているのです。また仏教経典である『涅槃経《ねはんぎょう》』には、釈尊

の導きで信を得た阿闍世王《あじゃせおう》が、

我れは今、未だ死せずして、已《すで》に天身を得て、短命を捨てて長命を得て、無常の身を捨てて常なる身を得《う》。

（『新国訳大蔵経　大般涅槃経（南本）Ⅱ』五四九頁）

と言ったと記されています。いずれも人間にとって最大の不安である死の不安を克服する言葉です。

イエスを神の子と信じる、あるいは釈尊の教えを信じる。両者ともに「信」が開かれることによって、限りないいのちを得るということをいっています。この有限ないのちを捨てて無限のいのちに帰することが「信」ということにほかなりません。それが、本当の宗教が教えてきたことです。

そういう宗教的な次元が開かれることがなかったならば、人間は死の不安を克服することはできません。

「生死を超える」ということ

宗教的関心とはどういうことでしょうか。それは、何か超自然的なことを見たり聞いたりしようとする関心ではありません。先の例で言えば、奇跡が起こることを期待するといったことではありません。科学的に探求できる因果関係を超えるような超自然的な現象に対する興味が現代の日本人には強いようですが、そういうことを宗教的関心というのではありません。

人間の心の深いところには、ただこの世でいつまでも生き続けたいという願望ではなく、それを超えて永遠に生きたいという願いがあります。相対有限な存在であるのに、絶対無限のものを願うというその願いは、人間から生まれたものではなく、永遠からの呼びかけによって起こるものと言わなければなりません。その呼びかけに目覚めることこそ、宗教的な関心にほかなりません。仏教もキリスト教も、そういう人間の深い願いに応じて生まれてきたと言ってもよいでしょう。しかも仏教やキリスト教は、その願いを呼びさまそうとするものでもあります。その仏教やキリスト教に対する関心がうすれてきたということは、人間の永遠なものに対する関心がうすれてきたということです。そこからかえって底知れぬ不安が生まれてくるのです。

しかしそのことは、現代の人間の感じる底知れぬ不安に、かえって人間の永遠なものに対する関心が、なお残っていることをあらわしていると言えるかもしれません。

「生死を超える」とは、生死に超然とするということではありません。「生きるもよし、死ぬるもよし」といった心境に、ふつうの人間はたやすく到達することはできません。私たちにできることは、自分のいのちがそこに帰するところ、いのちの源を見いだすことです。それによって、現実の自己へのとらわれを捨てることができるのです。いのちの源は、私たちの目に見える対象ではありません。すべての現実の対象は、私たちが自分のいのちをそこに帰することができるものではありません。家族にしろ、財産や名誉にしろ、国や団体にしろ、すべてそのために自分のいのちを捨てるにあたいするものではありません。まさに、

煩悩具足《ぼんのうぐそく》の凡夫《ぼんぶ》、火宅無常《かたくむじょう》の世界《せかい》は、よろづのこと、みなもつてそらごとたはごと、まことあることなきに

（『註釈版聖典』八五三～八五四頁）

と、親鸞聖人が『歎異抄《たんにしょう》』「後序《ごじょ》」でいわれているとおりです。

とらわれを捨てるということは、現実の自分の相対的ないのちを捨てるということです。それができるのは、ただひとつ、すべてのいのちがそこに帰するもの、あるいは帰するところを、見いだすことによってだけです。先に申しましたルルドへ巡礼した女性医師は、難病の子どもたちをみることを機縁として、自分のいのちに対するとらわれを捨てることができたのですが、それはそこにいのちの源

を見いだしたからです。そこで彼女は本当に信仰を得たのです。おそらくそれまでは、自分が若くして不治の病にかかるという理不尽さについて、深く苦しんだことでしょう。その苦悩が、神への信仰によって克服されたのです。難病に苦しむ多くの子どもたちがいるという、不可解で理不尽な人生の実相を知ることによって、かえって神の摂理《せつり》を知ったということかもしれません。いずれにしても、そこに帰すべきものを見いだすことによって、その人は自分へのとらわれを捨て、死の不安を克服されたことは確かなことだと思います。

人間は、目に見える奇跡、目に見える不思議を求めます。それによって自分が死の不安を超えることができるだろうと思います。しかし、目に見えるものは消えていくものです。生死を超えて人間を導くものは、目に見えるものではなく、むしろかえって人間のふつうの願望や思いをくつがえすものです。そのことによって人間の心に本当のいのちを吹き込むのです。

そういうことを教えたのが、私たちの先達であるすぐれた宗教者であったと言えます。現代の人間が失おうとしている宗教的な次元、領域をもう一度取り戻さなければなりません。そのことによって初めて私たちは、本当に豊かな人生をおくることができるのです。

科学的世界観と宗教 ― 往生浄土

世界観の混乱

最近の日本人の来世観は、混乱を極めていると言ってよいでしょう。新聞・テレビなどのマスコミの報道を見ていても、亡くなった人は、天国へ旅立ったとか、お墓の中でねむっているとか、草葉のかげから見まもっているとか、言っていることはばらばらです。おそらく言っている人にもわからないのでしょう。知識人といわれる人の葬式でも、「冥福《めいふく》を祈る」という言葉が頻繁《ひんぱん》につかわれます。信じてもいない冥界（あの世）での幸福を祈るというのです。亡くなった人たちが、あの世で楽しく談笑しているだろうと、弔辞《ちょうじ》で述べられることもあります。

昔の日本人は、「お浄土」という行き先をはっきりもっていました。その実在を本当に信じていたかどうかは別問題として、確かに「死んだらお浄土」と考えていたのではないでしょうか。それがいまは、天国へいくのやら、お墓でねむるのやら、草葉のかげでうろうろしているのやら、はっきりしないというのが一般です。どうしてこうなったのでしょうか。その理由は、何といっても近代的な世界観の普及にあります。

いまでは、小学校の時から科学的な世界観が教えられます。その内容は地動説です。太陽の周りを地球がまわっているというのは常識です。昔は、地面は大きな円盤で、朝、太陽は東からのぼり西に沈む、夜になると月が東からのぼって西の果てに沈むというような考え方が普通でした。いまでは、誰もそういう考えはもちません。まして、この大地を掘り下げると、地獄界があるとか、天上には天人たちが住む天上界があるとか、西方十万億土には阿弥陀仏のお浄土があるとか、そういう考えは荒唐無稽《こうとうむけい》なおとぎ話にすぎないとされます。

ヨーロッパでも、近代になって、コペルニクス（一四七三―一五四三）やケプラー、ガリレオ・ガリレイといった天文学者たちが、望遠鏡による観察に基づいて地動説を発表するまでは、キリスト教の考えに従って、天上界には天使や神さまがいらっしゃると信じられていました。いまでも、カトリックの教会には丸天井があって、そこには天上界の様子が画かれています。それはキリスト教の世界観に基づいているのです。もちろん、大地の下には地獄界や煉獄界《れんごくかい》があって、神を信じない者は死ねばそこへいくわけです。

しかし、近代の科学的な世界観はそういう考え方を覆《くつがえ》してしまいました。地球は太陽の周りをまわっているのですから、上も下もありません。地球の外は無限の宇宙空間で、星や水星、木星、金星といった太陽系の惑星が、地球と同じように太陽の周りをぐるぐるまわっているのです。初め、カトリックの教会はそういう考えを認めなかったので、ガリレイは異端審問《いたんしんもん》にひきだされて地動説を撤回するように迫られ、それに従いましたが、小さい声で「それでも地球は動いている」と言ったというエピソードが残っています。

現在では、大きな口径をもつスバル望遠鏡や、ハッブル宇宙望遠鏡といった新しい望遠鏡の発明で、そういう宇宙の見方が一層拡大して、宇宙のはては大体百五十億光年の彼方だとか、この宇宙は無数の銀河からなる銀河宇宙であるとか、またこの宇宙は成立して百五十億年の歴史があるとか、私たちはいろいろな知識をもつようになりました。

そうした宇宙観・世界観は、仏教やキリスト教の世界観とは異質のものです。それは、望遠鏡による実際の観察や物理法則に則ってたてられた宇宙観で、合理的に説明されます。聖書や経典に書かれているからという宗教的権威に基づいて主張されているわけではありません。

そうすると、その信憑性《しんぴょうせい》はどちらにあるかと言えば、言うまでもなく科学的宇宙観にあるわけです。宗教的世界観・宇宙観と科学的世界観・宇宙観とを比較して、どちらが本当かと言えば、後者に軍配があがることは明らかです。実際、宇宙のはてを肉眼で見ることができるわけではありませんが、科学の主張することは、本当にちがいないと思われています。それに、天体望遠鏡で写された写真がそれを証明するのです。

宗教的世界観の意味

それでは、宗教的な世界観・宇宙観はまったく無意味なものになってしまったのでしょうか。それは必ずしもそうは言えません。確かに昔の人は、実証的に地獄や極楽の存在を証明したわけではありませんが、そうした宗教的表象には、深い意味があったと考えなければなりません。

それはどういうことかと言えば、人間のこの世界における位置づけです。人間はこの世界においていかなる意味をもって存在しているのかという、人間自身の存在の意味を、宗教的世界観は語ろうとしていたのです。

現代の世界観や宇宙観では、そういうことは明らかになりません。人間も他の一切の生物も、無から生まれて無に帰っていく、泡のようなつかの間の存在にすぎません。地球の位置がちょっとかわったりずれたりすると、すべての生物は死滅してしまいます。何千万年前の恐竜と同じように、地球の環境条件が変われば、あっというまにその姿を消してしまうのです。そこには、存在の意味というものは考えられないと言ってよいでしょう。

しかし、宗教的世界観では、人間はこの世における明確な位置というものをもっています。たとえば、仏教では、この世に人間として生まれてくるには、五戒《ごかい》をたもたなければならないとされます。そして、何のために生まれてきたかと言えば、この迷いの境涯から解脱《げだつ》するためというはっきりした目的をもっているとされたのです。

現代の人間が、生きている意味を見失ったり、生き甲斐がわからなくなったりするのも、当然のことです。そういう意味を与えるような世界観がなくなってしまったし、この世界自身が存在の意味をなくしてしまったからです。

大きな隕石《いんせき》が地球と衝突して地球の軌道が変わり、気候が激変して、すべての生物が死滅するというようなことが起こらないという保証はどこにもありません。それが現在の知識のもたらした帰結です。

宗教的世界観は、そういう考えとは異なります。たとえば、『横川法語《よかわほうご》』にはこう記されています。

まづ三悪道《さんまくどう》をはなれて人間《にんげん》に生《うま》るること、おほきなるよろこびなり。身《み》はいやしくとも畜生《ちくしょう》におとらんや。家《いえ》はまづしくとも餓鬼《がき》にまさるべし。心《こころ》におもふことかなはずとも地獄《じごく》の苦《く》にくらぶべからず。世《よ》の住《す》み憂《う》きはいとふたよりなり。このゆゑに人間《にんげん》に生《うま》れたることをよろこぶべし。

（『註釈版聖典』一四二五頁）

ここには、明確に人間として生まれたことの意味づけがあります。そしてそれは、仏道を学ぶこと（この場合は本願の教え）に結びついています。

もちろん、現代において、科学的世界観を捨てて宗教的世界観をとるということはできないでしょうが、宗教的世界観がどういう意味をもっていたかということをあらためて省みるということは必要です。それによって、人生を意味づけるあらたな見方を確立することがめざされるべきではないでしょうか。

「往生浄土」ということ

そこで、とくに親鸞聖人がお示しになった「往生浄土」ということを考えてみなければなりません。

「浄土に生まれる」ということは、どういう意味をもっているのでしょうか。それは、来世に目がくらむような金色《こんじき》に輝く世界に生まれて、栄耀栄華《えいようえいが》の生活をするということではありません。「厭離穢土《えんりえど》・欣求浄土《ごんぐじょうど》（穢土を厭《いと》い離れ、浄土を願い求める）」といっても、この世をいとうのは、それが苦の境涯だからであり、浄土を願うのは、それが苦を離れた境涯だからです。

浄土経典や中国の浄土教思想には、この世の苦悩を離れて「憂悩《うのう》なき処《ところ》」（『観《かん》無量寿経《むりょうじゅきょう》』、『註釈版聖典』九〇頁）をめざすという人間の願いの実現が説かれていますが、親鸞聖人の教えには、そういう考えは払拭《ふっしょく》されていると言ってよいのではないかと思われます。

親鸞聖人は、「生死出づべき道」をもとめて法然聖人の教えをお聞きになったのであり、この世を離れて「お浄土まいり」をするために念仏門に帰入されたのではありません。そのお気持ちは、

念仏《ねんぶつ》は、まことに浄土《じょうど》に生《うま》るるたねにてやはんべらん、また地獄《じごく》におつべき業《ごう》にてやはんべるらん。総《そう》じてもつて存知《ぞんじ》せざるなり。

（『註釈版聖典』八三二頁）

という『歎異抄』第二条のお言葉によくあらわれています。

比叡山《ひえいざん》で二十年の修行をされたのも、何とかして生死の迷いから脱しようと願われたからです。それは、当時の求道者にとって当然のことでした。生きているかぎりは死ななければならない、このまま死ねば迷いの境涯から離れられない。

生きている間に、何とか迷いから離れる道を見いださなければならないと考えて、皆仏道にはげんだのです。しかし、親鸞聖人は、それが自力の努力によっては到底はたされないことに気づかれて、吉水の法然聖人のもとにお越しになり、聖人の「ただ念仏《ねんぶつ》して、弥陀《みだ》にたすけられまゐらすべし」（同頁）というお言葉に信順されたのです。

法然聖人の教えられたことはどういうことだったのでしょうか。『恵信尼消息』第一通には、

ただ後世《ごせ》のことは、よき人《ひと》にもあしきにも、おなじやうに、生死《しょうじ》出《い》づべき道《みち》をば、ただ一《ひと》すぢに仰《おお》せられ候《そうら》ひしを（『註釈版聖典』八一一頁）

と記されています。その法然聖人のお言葉を、親鸞聖人は「うけたまはりさだめ」（同頁）た、とおっしゃっているのです。その時のお気持ちは、

上人《しょうにん》のわたらせたまはんところには、人《ひと》はいかにも申《もう》せ、たとひ悪道《あくどう》にわたらせたまふべしと申《もう》すとも、世々生々《せせしょうじょう》にも迷《まよ》ひければこそありけめ、とまで思《おも》ひまゐらする身《み》なれば

（『同』八一一～八一二頁）

と記されているとおりです。

『歎異抄』第二条には、同じお気持ちが、

たとひ法然聖人《ほうねんしょうにん》にすかされまゐらせて、念仏《ねんぶつ》して地獄《じごく》におちたりとも、さらに後悔《こうかい》すべからず候《そうろ》ふ。

（『註釈版聖典』八三二頁）

とあります。どちらも、聖人のその時の気持ちをよくあらわしている言葉です。

『教行信証』「真仏土巻《しんぶつどかん》」には、親鸞聖人の仏陀観・浄土観が示されています。

そこには、金色燦然《さんぜん》たる浄土のすがたはまったく記されず、無量寿・無量光の真

仏・真仏土が示されています。また、『涅槃経』を多く引用されているところにも、聖人のお気持ちには、死んで極楽浄土に生まれるということよりも、生死の迷いから脱するということが最大の関心事であったのであり、それを実現される仏さまへの讃仰が第一であったことがうかがわれます。

還相回向の利益ということ

『教行信証』「証巻《しょうかん》」には、「往相回向《おうそうえこう》」とともに「還相回向《げんそうえこう》」ということが説かれています。言うまでもなく、「往相回向」は往生浄土の相状であり、「還相回向」は還来穢国《げんらいえこく》の相状です。聖人はどういうお考えで、この「還相回向」ということをお説きになったのでしょうか。

「還相回向」は「利他教化地《りたきょうけじ》の益《やく》」（「証巻」、『註釈版聖典』三一三頁）であり、曇鸞大師《どんらんだいし》（四七六―五四二）の『往生論註《おうじょうろんちゅう》』（『浄土論註』）によれば、かの土《ど》に生《しょう》じをはりて、奢摩他《しゃまた》・毘婆舎那《びばしゃな》・方便力成就《ほうべんりきじょうじゅ》することを得《え》て、生《しょう》死の稠林《ちゅうりん》に回入《えにゅう》して、一切衆生《いっさいしゅじょう》を教化《きょうけ》して、ともに仏道《ぶつどう》に向《む》かへしむるなり。

（「証巻」引用文、『註釈版聖典』三一三頁）

と記されています。また『歎異抄』第四条によれば、

念仏《ねんぶつ》して、いそぎ仏《ぶつ》に成《な》りて、大慈大悲心《だいじだいひしん》をもつて、おもふがごとく衆生《しゅじょう》を利益《りやく》する

（『註釈版聖典』八三四頁）

ということです。

これは、私たちがいのち終わって浄土に生まれても、そこで安閑《あんかん》とすごすのではなく、直ちに現世に帰って、衆生済度《さいど》のはたらきに参加するということです。

「往生浄土」ということをこういう意味に理解されたのは、親鸞聖人お一人であっ

たと言ってよいのではないでしょうか。聖人の目には、善知識法然聖人のお姿がうつっていたのでしょう。

智慧光《ちえこう》のちからより
本師源空《ほんしげんくう》あらはれて
浄土真宗《じょうどしんしゅう》をひらきつつ
選択本願《せんじゃくほんがん》のべたまふ
（『高僧和讃』、『註釈版聖典』五九五頁）

という和讃は、親鸞聖人のそのお気持ちをよくあらわしています。
『歎異抄』「後序」には、信心についての相論の際に、法然聖人が、
源空《げんくう》が信心《しんじん》も、如来《にょらい》よりたまはりたる信心《しんじん》なり、善信房《ぜんしんぼう》の信心《しんじん》も、如来《にょらい》よりたまはらせたまひたる信心《しんじん》なり。さればただ一《ひと》つなり。別《べつ》の信心《しんじん》にておはし

まさんひとは、源空《げんくう》がまゐらんずる浄土《じょうど》へは、よもまゐらせたまひ候《そうら》はじ
（『註釈版聖典』八五二頁）

とおっしゃったことが記されています。

「往生浄土」ということも、西方十万億土の極楽に生まれるというよりも、本願念仏の教えによって生死輪廻の迷いを離れ、さらには還相回向の利益を得しめられる道を、善知識の導きによって歩ませていただくということが、親鸞聖人の教えの中心であったのではないでしょうか。

世界観や宇宙観は大きく変わってしまいましたが、私たちが本当に生きることの確かな意味を知るのは、つかの間の人生を超えて、限りない生命の世界に参加することができるという確信をもつこと以外にはないのではないかと、私は思います。

私の尊敬してやまない、すぐれた宗学者であり、また深く信心をよろこばれた

足利義山《あしかがぎざん》先生（一八二四―一九一〇）は、

はかりなき命のほとけましまして
われをたのめとよびたまふなり
（『草かご』一八八頁）

という歌を残され、また、

ゆくさきをおのが心に問はずして
先づ御仏にたづねまつれよ
（『同』一三三頁）

おまえはなんにも心配せいでもよろしく候
誠にこちらは安心千万のことにて候
（同頁）

と、いつもご門徒へのお手紙にお書きになったと、ご息女の甲斐和里子《かいわりこ》さん（一八六六―一九六二）の著書『草かご』には記されています。

「往生浄土」という問題も、最後はそういうところに落ち着くのではないでしょうか。

第二章　仏教としての浄土真宗——めざめの宗教

さとりとめざめ

「いのり」の本質

仏教は「さとり」の宗教であり、「いのり」の宗教ではないということはよく知られたことです。「いのり」の宗教というのは、キリスト教のような人格的一神教、あるいは多神教にもみられるもので、「いのり」は神と人間との交わりを実現する行為と考えられています。多くの場合は、何らかの願望・要求をもつ者が、人為的な手段や方法ではそれが達せられない時、心を集中して祈るわけで、それは帰依・崇拝の表現でもあります。

「いのり」にはいくつかの段階や種類がありますが、その最も純粋なものは、『新約聖書』に記されたイエス・キリストのゲッセマネの祈り、すなわち、

父《ちち》よ、御心《みこころ》なら、この杯《さかずき》をわたしから取《と》りのけてください。しかし、わたし

の願《ねが》いではなく、御心《みこころ》のままに行《おこな》ってください。

（「ルカによる福音書」『聖書　新共同訳』一五五頁・上〜下）

という言葉にあらわされている祈りであるといわれます。ここではイエスは、迫ってくる苦難の時を予感しつつ神に祈りを捧げていますが、そこには、自分の願望よりも、むしろ神に対する全面的な委託・信頼があり、それが「いのり」の本質であるとされるのです。

「いのり」ということも、その根本の意味は、決して自分の願望を遂げようとするためのものではありません。むしろ自分を捨てて神の思いのままにというのが、「いのり」の本質です。そこに「いのり」の宗教的意味があるのです。

真実の行―名号

称名念仏も「いのり」の行為と考える人がないわけではありません。浄土真宗では、念仏が祈願・請求の意味を待たないということは言うまでもないことですが、宗教一般からいうと、合掌して神仏の名を称えることは、ごくふつうの祈願という宗教的行為です。法然門下には、称名をそのように考える人もあったようです。一生懸命称名念仏にはげみ、臨終には五色の糸を仏像に結んで、仏・菩薩の来迎《らいごう》を求めるという行儀《ぎょうぎ》を教える宗派もあります。その場合、称名念仏は浄土へ往生するための祈願です。

しかし親鸞聖人が、本願の名号をそのように理解されなかったことは明らかです。『教行信証』「行巻《ぎょうかん》」には、「真実の行」ということについて、

大行《だいぎょう》とはすなはち無礙光如来《むげこうにょらい》の名《みな》を称《しょう》するなり。（『註釈版聖典』一四一頁）

と明かされています。しかも、その行は「大悲《だいひ》の願《がん》（第十七願）より出《い》でたり」（『註釈版聖典』同頁）とおっしゃっています。それはどういうことでしょうか。

「大悲の願」とは第十七願のことで、

たとひわれ仏《ぶつ》を得《え》たらんに、十方世界《じっぽうせかい》の無量《むりょう》の諸仏《しょぶつ》、ことごとく咨嗟《ししゃ》してわが名《な》を称《しょう》せずは、正覚《しょうがく》を取《と》らじ

（『註釈版聖典』一四一頁）

という願です。十方の諸仏が、自分の名を讃《ほ》めたたえて称えなかったならばさとりを開かないと、法蔵菩薩が願をたてられているのです。親鸞聖人は、真実の行は、諸仏が阿弥陀如来の徳を讃えて、その名を称える行以外にはないとお考えになったのです。

どうしてそのようにお考えになったのでしょうか。それは、私たちのおこなう行というものは、すべて「雑毒《ぞうどく》の善・虚仮《こけ》の行」というべきもので、真実の行ではないとお気づきになったからです。

それでは真実の行とは何なのか。それは諸仏が阿弥陀仏を讃めたたえる称名で

あり、そしてその諸仏の称名、すなわち名号を聞いて、私たちが信じよろこぶ、すなわち信心歓喜してともに称名することこそ、浄土の教えの根本であると受けとられたのです。親鸞聖人にとっては、それが法然聖人からお聞きになった教えにほかならなかったのです。

回向したまへり

親鸞聖人は『歎異抄』「後序」で、

煩悩具足《ぼんのうぐそく》の凡夫《ぼんぶ》、火宅無常《かたくむじょう》の世界《せかい》は、よろづのこと、みなもつてそらごとたはごと、まことあることなきに、ただ念仏《ねんぶつ》のみぞまことにておはします

（『註釈版聖典』八五三～八五四頁）

とおっしゃっています。この世のことは、人間についても世の中のことについて

も、一切「まこと」はないと断言していらっしゃるのです。これはたいへんなことです。私たちはこの世の何かのことに「まこと」を見いだそうとしています。地位や名誉や財産に「まこと」はないとしても、せめて人間関係、親子や兄弟・夫婦のあいだにでも「まこと」はないかとさがしもとめ、それにすがりつこうとしています。

しかし、親鸞聖人はそれらすべてに「まこと」はないとおっしゃっているのです。それがこの世の実相です。もしそうなら、私たちは絶望するしかありません。聖人はしかし、それらのこの世のすべてのものには「まこと」はないことを断言されるとともに、念仏だけが「まこと」であるとおっしゃっています。これはどういうことなのでしょうか。これは、私たちに考え方の根本的な転換をせまる意味をもっているのです。

親鸞聖人が求めてやまれなかったのは、「生死出づべき道」です。この迷いの境涯をいかにして離れるか、その道を見いだすことが、聖人の唯一の願いであったのです。比叡山での二十年の修行の後に、山を下りて六角堂に百日の参籠《さんろう》をなさったのも、そのためです。そこで聖徳太子の示現《じげん》を受け、法然聖人にお遇いになってそのお言葉に信順され、念仏の道に入られたのです。聖人は法然聖人から何をお聞きになったのでしょうか。それは、この世の一切のことには「まこと」はない、阿弥陀さまの喚び声だけが「まこと」だということではなかったでしょうか。

親鸞聖人は、「南無阿弥陀仏」という名号が「本願招喚の勅命」(「行巻」、『註釈版聖典』一七〇頁)であるとおっしゃっています。名号は私たちが称える「いのり」の言葉ではなく、仏さまからの喚び声であるとおっしゃっているのです。これはどういう意味をもっているのでしょうか。それは、「まこと」が仏さまから回《まわ》し向けられているということにほかなりません。

『大無量寿経《だいむりょうじゅきょう》』下巻のはじめに、第十八願成就文が記されています。これは法蔵菩薩の願が成就したことを明らかにする文です。そこには、十方恒沙《じっぽうごうじゃ》の諸仏如来《しょぶつにょらい》は、みなともに無量寿仏《むりょうじゅぶつ》の威神功徳《いじんくどく》の不可思議《ふかしぎ》なるを讃歎《さんだん》したまふ。あらゆる衆生《しゅじょう》、その名号《みょうごう》を聞《き》きて信心歓喜《しんじんかんぎ》せんこと、乃至一念《ないしいちねん》せん。至心《ししん》に回向《えこう》したまへり。かの国《くに》に生《うま》れんと願《がん》ずれば、すなはち往生《おうじょう》を得《え》、不退転《ふたいてん》に住《じゅう》せん。ただ五逆《ごぎゃく》と誹謗正法《ひほうしょうぼう》とをば除《のぞ》く

（『註釈版聖典』四一頁）

とあります。

この文章の中の「至心回向」は、「至心に回向して」と読むのがふつうですが、親鸞聖人はとくに「至心に回向したまへり」とお読みになっています。これが決定的に重要な意味をもつのです。衆生には「まこと」の心はない、その「まこと」の心を回向してくださったのは阿弥陀さまであるというのが、聖人のお考えです。聖人のお考えは一貫しています。衆生にはほんの少しも「まこと」はない。「まこと」は全面的に仏さまから回向されたものであるというのです。それが「他力回

向」ということです。

「めざめ」の宗教

親鸞聖人が、「真実の行」を大行、すなわち諸仏の称名と受け取られることによって、どういうことが起こったのでしょうか。それは、称名念仏が祈願・請求という意味の行為ではなくて、純粋に阿弥陀さまへの委託・信順をあらわすということが明らかになったと言ってよいと思います。私たち衆生が一切の自力の行業《ぎょうごう》を捨てて、全面的に阿弥陀さまに信順する、そのことの表明が称名念仏であるという理解がそこに生まれてきたのです。後に「信心正因《しんじんしょういん》・称名報恩《しょうみょうほうおん》」といわれる浄土真宗の教義の根幹が成立したと言えましょう。

別な言葉で言えば、浄土の教えは「いのり」の宗教ではなくて、「めざめ」の宗教であることが明らかになったと言ってもよいでしょう。「南無阿弥陀仏」の名号は、阿弥陀さまの衆生への喚び声であり、その喚び声を聞いて疑いなく信順する。

そして皆ともに「南無阿弥陀仏」を称えようとする。それが「その名号を聞きて信心歓喜せんこと、乃至一念せん」ということだったのです。しかもその信順の心は私たちの起こしたものではない、それも阿弥陀さまが与えてくださったものだ、という聖人のお気持ちが、「至心に回向したまへり」という言葉にこめられています。

『歎異抄』第一条の、

弥陀《みだ》の誓願不思議《せいがんふしぎ》にたすけられまゐらせて、往生《おうじょう》をばとぐるなりと信《しん》じて念《ねん》仏申《ぶつもう》さんとおもひたつこころのおこるとき、すなはち摂取不捨《せっしゅふしゃ》の利益《りやく》にあづけしめたまふなり。（『註釈版聖典』八三二頁）

という言葉は、そうした「信心の開発《かいほつ》」ということをよく表現しています。阿弥陀さまから回向された信心が開発して念仏を申そうという心が起こるその時に、私たちは摂取不捨の光明の中にいるとおっしゃっているのです。

「すくい」の普遍性

はじめに申しましたように、仏教は「さとり」の宗教です。これに対してキリスト教は「いのり」の宗教と言えましょう。しかしその「いのり」は、究極的には祈願請求の意味よりも、全面的な委託信順をあらわします。

それはともかく、仏教は釈尊の「さとり」から発しましたから、「さとり」に至ることがめざされますが、煩悩具足の凡夫には到底そうした境地はのぞめません。そこに、無量寿・無量光の阿弥陀仏の慈悲にすがる浄土の教えが説かれたと言えます。しかし、そういう理解では浄土の教えは「いのり」の宗教になってしまいます。現に、浄土教はキリスト教やユダヤ教の影響を受けた恩寵の宗教だという人もあります。

しかし私はそうは思いません。浄土教はまぎれもなく仏教です。そしてそのことを明らかにされたのが親鸞聖人であると思います。聖人は、浄土の教えが「めざめ」の宗教であることを明らかにされたのです。

「さとり」というと誤解が生じやすく、また凡夫の私たちには到達し難い境地をあらわしますので、「さとり」とはおっしゃいませんでした。しかし、「信心開発《しんじんかいほつ》」（『浄土文類聚鈔』、『註釈版聖典』四八八頁）や「真心《しんしん》を開闡《かいせん》」（「信巻」、『同』二〇九頁）といった表現で、衆生の心に阿弥陀さまの回向による「まこと」の心が開かれることを明言されています。

「さとり」に対して「すくい」という言葉が浄土の教えをあらわすように考えられていますが、『教行信証』の中で「すくい」という表現が用いられているところはそれほど多くはありません。「総序《そうじょ》」の、

これすなはち権化《ごんけ》の仁《にん》斉《ひと》しく苦悩《くのう》の群萌《ぐんもう》を救済《くさい》し　（『註釈版聖典』一三一頁）

と、「教巻《きょうかん》」の『大無量寿経』の大意を述べた、

釈迦《しゃか》、世《よ》に出興《しゅっこう》して、道教《どうきょう》を光闡《こうせん》して、群萌《ぐんもう》を拯《すく》ひ恵《めぐ》むに真実《しんじつ》の利《り》をもってせんと欲《おぼ》すなり。

（『註釈版聖典』一三五頁）

という文、それに『大無量寿経』の引文や、他は『一念多念文意《いちねんたねんもんい》』に『大無量寿経』の文を説明しているところくらいです。

『教行信証』に「すくい」ということがあまり説かれていないのは、『教行信証』が「すくい」を説こうとするものではなくて、「聞《き》くところを慶《よろこ》び、獲《う》るところを嘆《たん》ずる」（「総序」『註釈版聖典』一三二頁）書物であったからだと思います。親鸞聖人は、「遇《あ》ひがたくしていま遇《あ》ふことを得《え》」「聞《き》きがたくしてすでに聞《き》くことを得《え》」た「真宗《しんしゅう》の教行証《きょうぎょうしょう》」（『註釈版聖典』同頁）を伝えようとなさっているのであり、自分の著作によって衆生を救済しようとなさっているのではありません。「弟子一《でしいち》

人《にん》ももたず」（『歎異抄』第六条、『同』八三五頁）とおっしゃる聖人のお気持ちからすれば、「すくい」を説かれないのは当然とも言えましょう。

『歎異抄』第十五条には、

煩悩具足《ぼんのうぐそく》の身《み》をもつて、すでにさとりをひらくといふこと。この条《じょう》、もつてのほかのことに候《そうろ》ふ。（『註釈版聖典』八四六頁）

といって、

浄土真宗《じょうどしんしゅう》には、今生《こんじょう》に本願《ほんがん》を信《しん》じて、かの土《ど》にしてさとりをばひらくとならひ候《そうろ》ふぞ（『同』八四八頁）

という親鸞聖人の言葉を引いています。これは、

釈尊《しゃくそん》のごとく、種々《しゅじゅ》の応化《おうげ》の身《み》を現《げん》じ、三十二相《さんじゅうにそう》・八十随形好《はちじゅうずいぎょうこう》をも具足《ぐそく》して、説法利益《せっぽうりやく》候《そうろ》ふ
（『同』八四七頁）

することをもって「さとりをひらく」という伝統的な仏教の理解に則っているのであり、教えとしてはそのとおりでしょう。

しかし、それでは浄土教の仏教としての特色はどこにあるのかと言えば、「別途《べつず》不共《ふぐ》」といわれるような、すなわち浄土の教えは特別な教えということになってしまいます。私は親鸞聖人のお気持ちは決してそうではなかったのではないかと思います。浄土の教えこそ大乗仏教の真髄であると確信しておられたのではないでしょうか。そうでなければ、「誓願一仏乗《せいがんいちぶつじょう》」（「行巻」、『註釈版聖典』一九五頁）というようなことはおっしゃいません。

「誓願一仏乗」とは、本願念仏の教えこそが唯一無二の仏さまの教えであるという意味です。その確信はどこから出てくるのかと言えば、それは親鸞聖人が、本

願力回向の信心に目覚めて大悲の願船に乗じたならば、「住正定聚《じゅうしょうじょうじゅ》」といわれるように、今生では正定聚に住して不退転の身になり、いのち終われば必ずさとりを開き衆生済度の利他行に参加できるという、「必至滅度《ひっしめつど》」のよろこびをおもちだったからです。これが浄土の教えの根本であり、そのことをいつでもどこでも誰でもが受け取ることのできるということが、浄土真宗が普遍的な真実の教えであることの所以《ゆえん》です。

さとりとすくい

万法に証せられる

「さとり」ということについて、道元禅師《どうげんぜんじ》（一二〇〇―一二五三）はその著『正法《しょうぼう》眼蔵《げんぞう》』にこのように記されています。

自己をはこびて万法《まんぼふ》を修証するを迷とす、万法すすみて自己を修証するはさとりなり。

（上巻・七七頁、岩波文庫）

この言葉は、仏教でいう「さとり」ということを最も簡潔に語るものであり、またそのことの本質をきわめて端的に捉えたものと言えましょう。道元禅師はさらにこのようにいわれます。

仏道をならふといふは、自己をならふなり。自己をならふといふは、自己をわするるなり。自己をわするるといふは、万法に証せらるるなり。万法に証せらるるといふは、自己の身心、および佗己の身心をして脱落せしむるなり。

（『同』七七～七八頁）

このふたつの文章の趣旨をまとめて考えると、道元禅師は、「さとり」とは万法に証せられることであり、万法に証せられるというのは自己をわすれること、あるいは自他の身心を脱落させることだといっておられると理解されます。

「万法に証せられる」とはどういうことでしょうか。それは道元禅師のはじめの言葉からもわかるように、私たちが自分であれこれと動いて、事物について知ろうとしたり、その本質を究めようとしたりするのではなく、一切の事物が自ずからそのあり方をあらわにする、それと同時に、私たち自身もその本当のあり方をあらわにするということであり、それを「万法すすみて自己を修証する」といわれるのです。それが「さとり」であって、それは自己を忘れること、あるいは自他の身心の脱落にほかならないというのが、道元禅師のお考えであると理解してよいのではないでしょうか。

このことを、浄土の教え、念仏の教えにあてはめてみると、どういうことになるでしょうか。

本願力回向の信心

親鸞聖人は、念仏の信心を本願力回向の信心といわれています。往生浄土の正因である真実信心は、私たちが自分で起こそうとして起こせるものではなく、またそれをどれほど獲得しようと努めても、自分の力で自分のものにすることはできないものです。従って、ただ私たちが自分のはからいを本当に捨てた時、本願のはたらきによって、自ずからめぐまれるものであるということを、このように言おうとされているのです。親鸞聖人は、自分であれこれ、はからって信心を得ようとするのではなく、そういう自分のはからいを捨てて、ひたすら本願に信順することを教えておられると言ってよいでしょう。

「万法に証せられる」ということと「信心を獲得《ぎゃくとく》する」ということ、また「自己をわすれる」ということと「自分のはからいを捨てる」ということは、それぞれちがった意味をもちます。それにもかかわらず、本願のはたらきによって信心を獲得し、如来のはからいにまかせて浄土に生まれるという親鸞聖人の教えと、身心脱落して万法に証せられるという道元禅師のお考えとは、深いところで通じているところがあるように思われます。聖人も禅師も、生死出離《しょうじしゅつり》の道を求めて修行にはげまれたのであり、その過程で、親鸞聖人は「いづれの行《ぎょう》もおよびがたき身《み》」（『歎異抄』第二条）であることに気づかれて、法然聖人の導きで念仏の信心を獲得され、道元禅師は坐禅ひとすじのなかから、如浄禅師《にょじょうぜんじ》（一一六三―一二二八）の指導によって大悟徹底《たいごてってい》されたのです。

もとより聖道門《しょうどうもん》、浄土門と立場は異なり、またこの世でさとりを開く教えと、浄土往生を説く教えという内容の違いもありますから、直《ただ》ちにつながるわけではありませんが、しかし他面、同じ仏教として基本的には通じるところがあるのは当然とも言えましょう。

菩薩道の精神

言うまでもなく、仏教は釈尊の菩提樹下における大悟徹底から出発し、どの宗派も源はそこに発することを否定する者はいないでしょう。しかし、さとりに達するということは釈尊と同じ境地に達するということですから、弟子たちには軽々しく言えないことで、とくに初期の仏教徒たちは、偉大な釈尊への帰依の気持ちが深かっただけに、一層さとりということについて厳しい考えをもっていたと考えられます。

しかし、いくら修行してもさとりには達しないということなら、いったい釈尊の教えは何だったのかということになるでしょう。そこに、大乗仏教が生まれてくる理由があったのです。

大乗仏教の根本精神は、成仏と自利利他の実現をめざす菩薩道だといわれていますが、それは、釈尊と同じさとりを開いて覚者になり、同時に人びとをさとりに導こうと努めるということにほかなりません。仏教の展開過程で、そうした大乗菩薩道という動きが生まれたのは、釈尊のさとりそのものがそのような意味をもっていたからです。

釈尊が菩提樹下の大悟の後、梵天《ぼんてん》の勧請《かんじょう》によって、説法の道に踏みだされたという仏伝の物語は、さとりというものが本来自分ひとりのものではなく、つねに他へはたらいていくものであることをよくあらわしています。他へのはたらきを「すくい」というなら、「さとり」と「すくい」はこうした釈尊の精神をふまえて、大乗仏教においてはつねにひとつに結びついていたと言えましょう。

大乗仏教を貫いているこうした菩薩道の精神は、多くの経典の中に語られています。『法華経《ほけきょう》』や『華厳経《けごんぎょう》』『涅槃経』には、身命を惜しまず求道し、また人びとを導こうとする菩薩たちがえがかれています。しかし大乗経典の中で、最も明確に菩薩道の実現を語っているのは、言うまでもなく浄土経典、とくに『大無量寿経』です。

『大無量寿経』のはじめには、ひとりの国王が世自在王如来《せじざいおうにょらい》の説法を聞いて発心し、国を棄て王位を捐《す》てて沙門《しゃもん》となり、如来の下で発願修行されたことが記されています。その沙門法蔵は、四十八の願をたて、修行してそれを成就し、成仏されるのですが、その願文はすべて「設我得仏《せつがとくぶつ》…不取正覚《ふしゅしょうがく》」、すなわち「たとえ私が仏となっても、これこれのことが成就しなかったならば、さとりを開かない」というかたちになっています。しかもそこで成就しようとされる内容は、苦悩の衆生を救済して仏国土に生まれさせようということですから、ここでは「さとり」と「すくい」が別のこととしてではなく、ひとつのこととして捉えられていると言えましょう。そしてそれが本当の菩薩道の精神であることは、くりかえして言うまでもないことです。

大乗経典を形成した人たちにとっては、さとりを開くことは同時に救いを実現することであり、そのゆえに「上求菩提《じょうぐぼだい》・下化衆生《げけしゅじょう》」とか「自利利他相即《そうそく》」ということがいわれたのです。

今生に本願を信じて

浄土の教えでは、ふつう「さとり」ということは言いません。ことに親鸞聖人の教えにおいては、さとりを開くということは申しません。たとえば『歎異抄』第十五条には、

煩悩具足《ぼんのうぐそく》の身《み》をもつて、すでにさとりをひらくといふこと。この条《じょう》、もつてのほかのことに候《そうろ》ふ。
（『註釈版聖典』八四六頁）

といって、次のように記されています。

即身成仏《そくしんじょうぶつ》は真言《しんごん》秘教《ひきょう》の本意《ほんい》、三密行業《さんみつぎょうごう》の証果《しょうか》なり。六根清浄《ろっこんしょうじょう》はまた法華《ほっけ》一乗《いちじょう》の所説《しょせつ》、四安楽《しあんらく》の行《ぎょう》の感徳《かんとく》なり。これみな難行上根《なんぎょうじょうこん》のつとめ、観念成就《かんねんじょうじゅ》のさとりなり。来生《らいしょう》の開覚《かいかく》は他力浄土《たりきじょうど》の宗旨《しゅうし》、信心決定《しんじんけつじょう》の通故《つうこ》なり。これまた易行下根《いぎょうげこん》のつとめ、不簡善悪《ふけんぜんあく》の法《ほう》なり。おほよそ今生《こんじょう》においては、煩悩悪障《ぼんのうあくしょう》を断《だん》ぜんこと、きはめてありがたきあひだ、真言《しんごん》・法華《ほっけ》を行《ぎょう》ずる浄侶《じょうりょ》、なほもつて順次生《じゅんじしょう》のさとりをいのる。いかにいはんや、戒行《かいぎょう》・慧解《えげ》ともになしといへども、弥陀《みだ》の願船《がんせん》に乗《じょう》じて、生死《しょうじ》の苦海《くかい》をわたり、報土《ほうど》の岸《きし》につきぬるものならば、煩悩《ぼんのう》の黒雲《こくうん》はやく晴《は》れ、法性《ほっしょう》の覚月《かくげつ》すみやかにあらはれて、尽十方《じんじっぽう》の無礙《むげ》の光明《こうみょう》に一味《いちみ》にして、一切《いっさい》の衆生《しゅじょう》を利益《りやく》せんときにこそ、さとりにては候《そうら》へ。

（『註釈版聖典』八四七頁）

わかりやすくいうと、こういうことです。

——人間がこの身のままで仏になったり、清浄になったりするのは、真言や天台の教えによる修行をつんだ結果なのであって、それは難行であり、また能力のすぐれた者の道である。浄土の教えは、信心を決定して来世でさとりを開くのであり、それは易行であり、また能力の劣った者の道、善人・悪人にかかわらぬ道である。だいたいこの世で煩悩や悪い障りを断ち切ることはたいへん難しいことだから、真言や天台の行者でさえも来世でさとりを開くことを願うのである。ましてそういう行をしない者がどうしてこの世でさとりを開きえようか。しかし、戒律もまもらず智慧がなくても、本願の船に乗って生死の海をわたり、浄土の岸についたなら、煩悩の雲は晴れてさとりの月があらわれ、さわりのない光と一体になって衆生を救うことができる。その時にこそさとりを開いたということができるのである。

このようにいった後に、さらに、この身でさとりを開くなどという者は釈尊のように種々の応化身《おうげしん》をあらわしたり、すぐれた相をそなえて人びとに説法したりすることができるというのであろうかといって、最後に、

浄土真宗《じょうどしんしゅう》には、今生《こんじょう》に本願《ほんがん》を信《しん》じて、かの土《ど》にしてさとりをばひらくとならひ候《そうろ》ふぞ
（『註釈版聖典』八四八頁）

という親鸞聖人の言葉を記して終わっています。

『歎異抄』のこのような主張は、浄土の教えとしては基本的なことであって、『教行信証』「方便化身土巻《ほうべんけしんどかん》」にも、

おほよそ一代《いちだい》の教《きょう》について、この界《かい》のうちにして入聖得果《にっしょうとくか》するを聖道門《しょうどうもん》と名《な》づく、難行道《なんぎょうどう》といへり。（中略）安養浄刹《あんにょうじょうせつ》にして入聖証果《にっしょうしょうか》するを浄土門《じょうどもん》と名《な》づく、易行道《いぎょうどう》といへり。
（『註釈版聖典』三九四頁）

と記され、聖道・浄土の二門の区別は「此土入聖《しどにっしょう》」と「彼土得生《ひどとくしょう》」とするのが一般的です。「さとり」と「すくい」ということをこれにあてはめれば、浄土の教え

においては「さとり」ということは絶対に言えないということになるでしょう。

大乗仏教の真髄

しかし、そうした違いは教相の面での違いで、そこでめざされていることは実際には違っていないと言えるのではないでしょうか。すなわちそれは「生死出離」ということにほかなりません。その生死出離をもとめて、親鸞聖人は念仏の教えに帰入されたのであり、道元禅師は只管打坐《しかんたざ》の道を歩まれたのです。そして聖人は念仏の信心において、禅師は端坐参禅《たんざさんぜん》において生死を超えられたのです。そこでは「さとり」や「すくい」といった区別はないと言ってよいでしょう。ひとつの根本的な事実として、生死出離の道が開かれたということがあるだけです。そしてそれこそが釈尊の教えであったと申せましょう。

親鸞聖人の教えに帰依する人びとの中から、妙好人《みょうこうにん》と呼ばれる篤信《とくしん》の人びとが生まれていることは周知のことです。そしてその妙好人の言行には、すぐれた禅僧のそれと通じるものがあることは、鈴木大拙《だいせつ》博士（一八七〇―一九六六）の著作によって広く知られるようになりました。どうしてそういうことが起こるのでしょうか。それはやはり聖人の教えに、禅の教えとも深いところで通じるものがあるからです。

先にも言ったように、禅と浄土の教えは直ちにつながるものではありません。禅では来世に浄土に生まれるということは言いませんし、浄土の教えではこの世でさとりを開くとは言いません。それは、浄土の教えについて言えば、その教えが、あくまで罪業《ざいごう》深く、煩悩をそなえた凡夫のための教えであるからです。

生きているかぎり私たちは煩悩から離れられず、また「いづれの行《ぎょう》もおよびがたき身《み》」（『歎異抄』第二条）であるからこそ、本願のはたらきによって浄土に往生し成仏すると教えられるのです。

しかし、その教えを聞いて信心が開発する時、そこでは生死出離の道が開かれているのであり、その道は決して閉じることはありません。「正定聚《しょうじょうじゅ》の位《くらい》に定《さだ》まる」(『一念多念文意』、『註釈版聖典』六八〇頁)とか、「不退転《ふたいてん》に住《じゅう》す」(同頁)とかいわれる所以です。親鸞聖人はそれを『高僧和讃』に、

金剛堅固《こんごうけんご》の信心《しんじん》の
さだまるときをまちえてぞ
弥陀《みだ》の心光摂護《しんこうしょうご》して
ながく生死《しょうじ》をへだてける
(『註釈版聖典』五九一頁)

とうたっておられます。

『歎異抄』第十五条にも、この和讃が引かれ、そこでは、

かくのごとくしるを、さとるとはいひまぎらかすべきや。
(『註釈版聖典』八四八頁)

と、「しる」ことを「さとる」と言いまぎらしてはならないといっています。それはそのとおりですが、しかし言葉のうえのことではなく、その事柄において、そこには禅の教えるところと深く通じるものがあることが見失われてはなりません。そのことこそ、大乗仏教が釈尊の教えに基づいて、私たちに伝えようとしたことではないでしょうか。

「さとり」と「すくい」ということを、従来はあまりに区別する面でばかり考えてきたようです。しかし、その本来のあり方からみるならば、両者は決して別のことではなく、ひとつのことであり、そしてそれが大乗仏教の精神であると言ってよいと考えられます。

智慧と慈悲

科学の客観性

仏教は、智慧と慈悲の教えであるといわれます。それはどういうことなのでしょうか。この場合、智慧とは仏の智見であり、すべての存在の過去・現在・未来を見通すはたらきです。慈悲とは抜苦与楽《ばっくよらく》を意味し、衆生の苦しみを除き楽を与えるはたらきをいいます。仏さまは、この智慧と慈悲のはたらきによって一切の衆生を救済しようとされるのです。智慧と慈悲とは別々にはたらくものではなく、つねに相即してはたらくとされています。そのことは、深い意味をもっています。

智慧は知識ではありません。知識は人間を本当の意味で救済することはできません。人間は他の動物とは異なってすぐれた知能をもっているので、世界のすべての事柄についてそれを知ろうとします。一つひとつの事物についてそれを分析し、原因と結果の関係を探り、合理的な認識を確立してきました。それによって知識の領域は拡大し、発明や発見がなされ、生活が改善されて、人間は生存競争に勝ちぬいてきたのです。今日の科学文明はその成果であると言ってよいでしょう。

そうした知識のはたらきが、現在の人間生活に大きな恩恵をもたらしていることは否定すべくもありません。しかしそれによって、人間のすべての問題が解決されたわけではないことも明らかなことです。

現代の科学的知識は、多くの病気を治療し、経済的な豊かさを実現し、また生活を快適にすることに役立っていることは確かですが、その一方で核爆発の危険があり、環境は汚染され、交通事故で多くの人命が失われています。知識は貧困や病苦から人間を解放しましたが、同時に新たな問題を生じさせています。知識は諸刃《もろは》の剣《つるぎ》です。そこに知識ではなくて智慧というものが求められるのです。

仏教では、普通の人間の認識を分別知《ふんべつち》といいます。分別というのは対象を識別し判断するはたらきです。それは、私たちが対象を客観的に知るはたらきですが、そこにはつねに私たちの対象に対する関心や欲求が含まれています。たとえば、一つのリンゴを見ても、食べたいとか、絵に描きたいとか、いろいろな気持ちが起こってきます。

科学の立場では、できるだけそういう個人的な関心や欲求を除外して、事物そのもの、対象そのものを捉え、客観的な知識を確立しようとします。とくに自然科学では、そうすることによって法則や原理を発見し、それを観察や実験によって確かめ、さらに技術として応用し、多くの機械器具を製作して人間生活に役立ててきたのです。それが現代の科学文明であることは言うまでもないでしょう。

仏教の智慧

しかし私たちの知ろうとすることは、そうした客観的に知ることができるものだけではありません。むしろ、私たちの関心や欲求ぬきでは知りえないもの、主体的に関与する事柄を知ろうとします。たとえば、「人間は何をなすべきか」とか、

「いかに生きるべきか」とか、さらに「私たちはどこから来てどこへいくのか」といった問題です。

科学は、人間がどういう場合にどういう行動をするかとか、生物としての人間はどういう構造や機能をもっているかとか、生命を失えば身体はどういうふうに変化するかとかを観察して、記述することはできます。それが人間についての客観的知識です。しかし一人ひとりの人間が、いかにあるべきかとか、何をなすべきかということについて、客観的・普遍的に答えることはできません。そこに科学的認識というものの特色があります。

これに対して倫理や道徳の領域では、人間の生きることの意味や目的を明らかにしようとします。私たちが人間としていかにあるべきか、何をめざして生きるべきかを探求するのが倫理学であると言ってよいでしょう。しかし、それを本当に明確にすることは容易ではありません。というのは、個々の人間の関心や欲求は多様で、誰もが一致して認めるような普遍的な意味や目的を見いだすことは、困難であるからです。ある人は財産や名誉が人生で一番肝心だと考えるでしょうし、ある人は家族や愛するものが大切だと主張するでしょう。そうしたことではなく、自分の良心に従って生き、自らの人格を完成することこそ人生の目的だと考える人もあるでしょう。結局のところは、そういう問題は個々人の考え次第ということになってしまいます。

科学も倫理も、基本的には対象的認識、すなわち分別知の立場に立っています。事物についても、自己そのものについても、それを対象として捉えるということから根本的にぬけ出ることはできません。そこに当然その対象というものに「執われる」ということが起こってくるのです。

対象への「執われ」ということを問題にし、そこから脱却することを教えるのは、宗教の領域においてしかありません。宗教では、なんらかの意味で人間を超えたものとのかかわりを中心にしますが、そこで初めて対象に対する「執われ」から離れるということが根本的に問題になるのです。仏教でいう智慧は、まさにその「執われ」から離れたはたらきなのです。

智慧については、仏教ではさまざまの説があります。たとえば、三智《さんち》（一切智《いっさいち》・道種智《どうしゅち》・一切種智《いっさいしゅち》）とか、四智《しち》（大円鏡智《だいえんきょうち》・平等性智《びょうどうしょうち》・妙観察智《みょうかんざっち》・成所作智《じょうしょさち》）とか、あるいは修行によって段階的に進展する加行智《けぎょうち》・無分別智《むふんべっち》・後得智《ごとくち》とか、観点や立場によって多くの表現があります。しかしどういう表現がされていても、それが「さとり」によって開かれる智慧であることは同じです。「さとり」によって開かれる智慧の根本的な特色は、「執われ」がないということです。

分別知に対して無分別智といわれるように、事物を対象として捉えてそれに執われるのではなく、事物を事物そのものとして明らかにするという意味がそこにはあります。そうした智慧を開くことができて、初めて私たちは事物だけではなく、自己について、世界について、もっと直接には生きていることそのことについて、本当に知ることができるのです。言うまでもなく、そのような智慧を開かれたのが釈尊にほかなりません。

菩提樹下で「さとり」を開かれた釈尊は、しばらくためらわれた後に、梵天の勧請によって教えを説き始められたと仏伝は語っていますが、このことは、智慧が慈悲と相即しているということをあらわしています。人生の実相を見通す智慧のはたらきは、同時に人びとを導く慈悲のはたらきへと展開するのです。

仏教の慈悲

慈悲は愛情ではありません。「愛」という言葉は、今日では多くの場合よい意味で用いられ、「愛は地球を救う」とか「愛がすべてだ」とか、現代人の最も好む言葉の一つになっています。しかし仏教では、元来それは「渇愛《かつあい》」といわれ、激しい渇きのように、満たされるまでやまない欲望や衝動をあらわす言葉であり、煩悩や貪欲《とんよく》と同じことをいったのです。

キリスト教では、神の愛を意味する「アガペー」という言葉と、人間の向上のはたらきをいう「エロス」という言葉とが区別されています。しかし、日本人はそういうことは問題にしないで、親子の愛情も男女の愛情もすべてひっくるめて「愛」といい、しかもそれが最高の人間の心のはたらきであるかのように考えています。しかし人間の心のはたらきであるかぎり、ここにも「執われ」ということが出てくることは言うまでもありません。男女の関係においてだけでなく、親子や兄弟姉妹、友人といった関係においても、それぞれの心の深いところにエゴの主張があり、それが多くの問題を引き起こしていることは、一々の例をあげるまでもないことです。

自分を捨てて人を愛するといっても、本当の意味でそういう完全な愛というものは人間相互の間では成立しません。もしそうした愛の行為というものがあるとすると、その場合には必ず宗教的なはたらきが背後にあるのです。キリスト教的に言えば、神への愛の地上における実現として人への愛が成立します。その神への愛は、「執われ」を捨てた愛にほかなりません。

仏教では、そうした意味でのはたらきを、「愛」ではなく慈悲と表現します。そして慈悲に、衆生縁・法縁・無縁という三種の慈悲を区別します。衆生縁の慈悲というのは、それぞれの衆生に対する慈悲で、凡夫の起こすものとされ、法縁の慈悲とは、諸法無我《しょほうむが》の真理をさとって起こす慈悲であり、声聞《しょうもん》・縁覚《えんがく》の起こすものとされます。さらに無縁の慈悲とは、あらゆる差別《しゃべつ》の相を離れた平等絶対の慈悲であり、それが仏の慈悲とされます。これはやはり「執われ」が捨てられていく程度に応じた三段階であると言ってよいでしょう。

慈悲のはたらきも、対象によって発動すべきものではなく、また原理・原則に従って起こすものでもなく、自ずからあらわれてくるものとされているのです。

智慧と慈悲の相即

はじめに、仏は智慧と慈悲とのはたらきによって一切の衆生を救済されるのであり、その場合、智慧と慈悲は決して離れず、相即してはたらくということを申しましたが、その意味はどういうことなのでしょうか。

現代の文明は、智慧が知識となり、慈悲が愛情となって、しかも両者が別々に動いているという状況になっています。昔は、人間の知識には限りがあるもので、この世のすべてを知ることなどはとてもできないと考えられていましたし、また愛情も末通らぬものとされていました。そうした人間の知識や愛情とは異なって、すべての「執われ」から離れた仏の智慧や慈悲が仰がれたのです。

しかし現代では、人間の知識は宇宙のすべての秘密を説き明かし、また「愛は地球を救う」などといわれています。知についても情についても、人間のはたらきが絶対的なものであるかのように考えられているのです。そして知識は謙虚さを忘れて傲慢《ごうまん》になり、愛情は節度を忘れて放逸《ほういつ》になり、それぞれがばらばらになって、人間の文化を解体の危機にさしかけているように見えます。

そうした危機を克服する道は、人間の能力をさらに拡大することによってではなく、むしろそれらが限りあることに気づき、そうした人間のはたらきを超えたもののはたらきに身をゆだねることによるしかないように思います。そういう見方へ導くのは、言うまでもなく宗教の教えです。智慧や慈悲という言葉は、宗教、とくに仏教の世界でいわれる言葉であり、しかもそれが相即してはたらくとされるということは、それによって人間が本当に救済されていくことを示しています。現代文明の根本問題を解決する方向は、そうした宗教的な考えに人間が耳を傾ける以外にはないように思われます。

智慧と慈悲の具体相

最後に親鸞聖人は、こうした智慧と慈悲のはたらきを、念仏の教えにおいて如実に仰いでおられたことを申しておかねばなりません。

よく知られた『正像末和讃《しょうぞうまつわさん》』では、

無明《むみょう》長夜《じょうや》の灯炬《とうこ》なり
智眼《ちげん》くらしとかなしむな

生死大海《しょうじだいかい》の船筏《せんばつ》なり
罪障《ざいしょう》おもしとなげかざれ
（『註釈版聖典』六〇六頁）

とうたわれています。これは、智慧と慈悲とが一体になった如来回向の念仏の信心によって、私たちは無明の闇から解放され、生死の海から救いあげられることをおっしゃっているのです。無明の闇にさまよう人間の知識にどんなに限りがあろうとも、如来の智慧の光は果てしなくすべてを見通し、罪業にまつわられる人間の煩悩がどんなに深くても、如来の慈悲の船は必ず救いあげて浄土へ導きたまうのだ、と確信されている親鸞聖人のお気持ちが、この和讃にはよくあらわれています。

親鸞聖人にとって、智慧と慈悲とは、単に教えとして伝えられたというだけのものではなくて、現実に法然聖人という方に具体化し、自分ひとりに語りかけられている生きたはたらきとして、受け止められていたに違いありません。そのこ

とは、

智慧光《ちえこう》のちからより
本師源空《ほんしげんくう》あらはれて
浄土真宗《じょうどしんしゅう》をひらきつつ
選択本願《せんじゃくほんがん》のべたまふ
（『註釈版聖典』五九五頁）

曠劫多生《こうごうたしょう》のあひだにも
出離《しゅつり》の強縁《ごうえん》しらざりき
本師源空《ほんしげんくう》いまさずは
このたびむなしくすぎなまし
（『同』五九六頁）

という『高僧和讃』によってわかりますが、これらの和讃は、同じ『高僧和讃』の、

釈迦《しゃか》・弥陀《みだ》は慈悲《じひ》の父母《ぶも》
種々《しゅじゅ》に善巧方便《ぜんぎょうほうべん》し
われらが無上《むじょう》の信心《しんじん》を
発起《ほっき》せしめたまひけり

（『同』五九一頁）

という和讃とも相応じています。さらに『歎異抄』「後序」の、

弥陀《みだ》の五劫思惟《ごこうしゆい》の願《がん》をよくよく案《あん》ずれば、ひとへに親鸞一人《しんらんいちにん》がためなりけり。

（『註釈版聖典』八五三頁）

という言葉とも深く結びついて、親鸞聖人が如来の慈悲と智慧のはたらきによって、いま自分の救済が実現したとよろこばれていることをあらわしています。

第三章　浄土真宗の本質――すくいの宗教

慈悲 — 生死の迷い

浄土の教えは慈悲門であるとよくいわれますが、それはどういうことでしょうか。

絶望と慈悲

阿弥陀さまのさとりは、智慧と慈悲の両面をもっています。智慧とはいろいろな意味がありますが、基本的には「解脱智見《げだつちけん》」、すなわち煩悩から離れて自由になることであり、その意味で「さとりに導くもの、さとりにおいてはたらくもの」と言ってよいでしょう。中村元《はじめ》（一九一二—一九九九）著の『広説仏教語大辞典』中巻には、

事物の実相を照らし、惑《まど》いを断って、さとりを完成するはたらき。物事を正しくとらえ、真理を見きわめる認識力。

（一一六六頁）

と説明されています。いずれにしても、私たちの日常的な知識とは違って、煩悩を断ち切るはたらきをいうのです。

これに対して、慈悲とはあわれみいつくしむ心であり、仏・菩薩が衆生をあわれみ、衆生の苦をぬき楽をあたえようとするはたらきであるとされます。智慧が自己完成のはたらきであるのに対して、慈悲は他者にめぐみをおよぼすはたらきという意味をもつことがわかります。

この智慧と慈悲は、大乗仏教でいう、「自利・利他」とか、「上求菩提・下化衆生」と相応していると言えます。仏教は、仏さまの教えであるとともに、仏、すなわち覚者になる教えですから、仏道を歩むということは、そういう智慧と慈悲をそなえたさとりを開くことをめざすということになります。

ところが、法然聖人はこういうことをおっしゃっています。

仏教の教えはたくさんあるが、結局のところは戒《かい》・定《じょう》・慧《え》の三学《さんがく》につきる。

（中略）しかし私は戒の行については一つの戒も保ちえない。禅定《ぜんじょう》については一つもこれを修することができない。智慧については断惑《だんわく》証理《しょうり》の正しい智慧を得ることができない。（中略）また凡夫の心は物に従ってうつりやすい。例えていうと猿のようで、散乱して動きやすく、心は静まりにくい。そうした状態であるから、煩悩のよごれのない正しい智慧がどうして起ころうか。もし正しい智慧の剣がなければ、どうして悪業・煩悩のきずなをたちきれようか。悪業・煩悩のきずなをたちきれなかったならば、どうして生死輪廻の身を解脱することができようか。かなしいことだ。どうすればよいのだろうか。私のようなものは、もはや戒・定・慧の三学の器《うつわ》ではない。
（『和語灯録』巻五「諸人伝説の詞」、『浄土真宗聖典全書㈥　補遺篇』六〇八頁、取意）

この言葉は、法然聖人が浄土の法門に帰入される前のお気持ちを語っていらっしゃるものですが、智慧ということについての浄土門の考えがよくあらわれています。戒をまもり、禅定を修し、智慧をみがく、これが仏道精進《しょうじん》の道であることは誰もが認めるところです。しかし、そのどれをも全うしえない私はどうすればよいのか、これが真摯に仏道を学ぼうとされた法然聖人にとっての深い苦悩だったのです。この後で、聖人はこう記されています。

この三学のほかに、私の心に相応する法門があるだろうか、私の身がなしうる修行があるだろうかと、多くの智者や学者に尋ねたが、教示する人は一人もいない。そうこうしているうち、悲しみつつ経蔵《きょうぞう》に入り、聖典を手にとって開いてみると、善導大師の『観経疏《かんぎょうしょ》』に、「一心専念弥陀名号、行住坐臥不問時節久近、念々不捨者、是名正定之業、順彼仏願故（一心にもっぱら弥陀の名号を念じて、行住坐臥《ぎょうじゅうざが》時節《じせつ》の久近《くごん》を問はず念々に捨てざるもの、これを正定の業と名づく。かの仏の願に順ずるがゆゑに）」という文があった。それを拝見して、私たちのような無智の身は、ひたすらこの文をいただき、この道理をたのみにして、「念々不捨」の称名を修して、浄土往生の業因にそなえるべきである、それはただ善導大師《ぜんどうだいし》の遺された教えを信じるということだけではなく、また深く弥陀如来の本願に従うことになると、「順彼仏願故」の文が深く心にしみ入ったのである。

（『同』、『浄土真宗聖典全書㈥　補遺篇』六〇八～六〇九頁、取意）

ここには、法然聖人の浄土の教えとの出遇いが見事に語られています。聖人は、自分の力でさとりに達しようとすることが不可能であることに気づかれて深い絶望に陥られましたが、たまたまごらんになった善導大師の『観経疏』の一文によって浄土の教えに帰入されたのです。「彼仏願」というのは、仏さまの衆生を救済したいという願いです。それはまさに、仏さまの慈悲のはたらきの発動にほかなりません。その慈悲のはたらきそのものに法然聖人は触れ、それに随順されたのです。

自力から他力への転換

親鸞聖人は、法然聖人が善導大師の『観経疏』の文を通して触れられた阿弥陀さまの慈悲のはたらきに、法然聖人のお言葉を通して触れられたということができましょう。『歎異抄』第二条の、

親鸞《しんらん》におきては、ただ念仏《ねんぶつ》して、弥陀《みだ》にたすけられまゐらすべしと、よきひと（法然）の仰《おお》せをかぶりて、信《しん》ずるほかに別《べつ》の子細《しさい》なきなり。

（『註釈版聖典』八三二頁）

という言葉から、それを知ることができます。

「念仏して、弥陀にたすけられまゐらすべし」という言葉を聞いて、それではお念仏をしましょうというのでは、本当にその言葉を聞いたことにはなりません。

「信巻」にいわれるように、「聞即信《もんそくしん》」であり、

衆生《しゅじょう》、仏願《ぶつがん》の生起《しょうき》本末《ほんまつ》を聞《き》きて疑心《ぎしん》あることなし　（『註釈版聖典』二五一頁）

というのが「聞く」ということです。親鸞聖人は法然聖人のお言葉をお聞きになって、阿弥陀さまの慈悲のはたらきに触れ、阿弥陀さまに信順なさったのです。その慈悲のはたらきが「南無阿弥陀仏」という名号なのです。だからこそ、親鸞聖人は名号を「本願招喚の勅命」と釈されたのです。

また親鸞聖人も、

いづれの行《ぎょう》もおよびがたき身《み》なれば、とても地獄《じごく》は一定《いちじょう》すみかぞかし。

（『歎異抄』第二条、『註釈版聖典』八三三頁）

と、比叡山における二十年の自力の行によっては生死輪廻を離れることはできなかったことを告白なさっています。それは法然聖人と同じように、戒・定・慧の三学によっては解脱し難いということにほかなりません。その時、たまたま法然聖人の導きによって、弥陀如来の慈悲のはたらきに触れ、浄土の法門に帰入されたのです。

親鸞聖人の教えは、「自力を捨て他力に帰す」ということに尽きます。その他力・本願力のはたらきこそが、「南無阿弥陀仏」の名号であったのであり、その喚び声を聞いて信じることが「信心」であることは言うまでもありません。まさに、仏さまの慈悲のはたらきに、己を捨てて全面的に信順することが浄土真宗の教えなのです。

そのことは、私たちが阿弥陀さまの慈悲のはたらきに触れ、それに従うことにほかなりません。それは、努力して智慧を求め、さとりを開こうとしても果たしえない自分の無力に絶望したところに開かれてくる境地であって、決して何も努力しないで、棚からぼた餅のように与えられるものではありません。

もとより私たちがいま、親鸞聖人のように比叡山で二十年間修行をしなければならないというわけではありませんが、少なくとも、法然聖人や親鸞聖人の歩まれた道は、そういう道であったということを肝に銘じなければなりません。

哲学者の田辺元《はじめ》先生（一八八五―一九六二）はこういうことをおっしゃっています。信仰の道、救済の道の端的は、浄土真宗でいうように「唯一切を他力にまかせること」である。しかし一方では、

初めから善を求め悪を避けようとせず、倫理的苦闘に身を投じたことのない者が、自らを弁護して自己の安易を保たんと欲するために、倫理を超ゆる絶対無における「そのまま」の代《かわり》に、倫理以下の「そのまま」を置換える無恥《むち》無慙《むざん》こそ、宗教の害悪の最たるものでなければならぬ。「そのまま」は所与の現実でなくして、否定の媒介により到達せらるべき目標たるのである。

（藤田正勝編『懺悔道としての哲学　田辺元哲学選Ⅱ』二五五頁、岩波文庫）

ともおしゃっています。

西田幾多郎先生とともに京都学派の代表的な哲学者とされた田辺元先生は、禅にも、浄土教にも、キリスト教にも造詣の深い方でしたが、第二次世界大戦の末期に、思想家としての自己の責務を全うしえない絶望を契機として、「懺悔道《ざんげどう》」という立場を開かれました。そこから浄土教についても鋭い指摘をされているのです。田辺先生は、宗教というものは倫理を否定的に媒介して成立するものでなければならないという立場にたたれるので、そこから直接に倫理を否定し無視することを厳しく批判されます。

たとえば、

命がけで厳粛に倫理を実践しようと努力するからこそ、初めて自己の無力も自覚され、悔恨から懺悔を通じて絶対の愛に転ぜられ、大悲に救済せられることができるのです。

（『哲学入門』補説第三　宗教哲学・倫理学　三　他力仏教とキリスト教の異同、『田辺元全集』第十一巻、五〇二～五〇三頁）

とおっしゃったあとで、

浄土教といふものが倫理の媒介なしに説かれ、懺悔の転換を経ずして念仏の行が勧められることになると、（中略）単なる直接の教理に頽落せざるを得ない。しかも他の宗門の立場で、教理の修得や戒律の実践が義務として重んぜられるのと異り、他力念仏の立場では一般に当為を斥け自力の努力を軽んずる結果、倫理以上に超出するかはりに、倫理以下に頽落することを免れません。

（『同』五〇三頁）

と申されています。

田辺先生の浄土教理解をそのまま受け入れる必要はないかも知れませんが、こうした先生の真面目な指摘には、十分耳を傾けるべきでしょう。

機の深信・法の深信

浄土の教えは慈悲門であるという時、それは仏さまがただ何でもかでも無条件に包容されるということではないということを、よく知らなければなりません。はじめに言ったように、仏さまのさとりは智慧と慈悲を両面としているのであり、智慧をぬきにした慈悲ということはありえません。法然聖人が絶望されたのは、その智慧を自分でみがくということに絶望されたのであって、仏さまのさとりに智慧はいらないということをおっしゃったのではありません。浄土の教えでは、そうした智慧は仏さまからめぐまれるのであり、浄土の教えにおいても、仏さまのはたらきはつねに智慧・慈悲が相即しているのです。親鸞聖人はそれを「弥陀《みだ》の智慧《ちえ》をたまはりて」（『歎異抄』第十六条、『註釈版聖典』八四八頁）とおっしゃっていますし、「信心《しんじん》の智慧《ちえ》」（『正像末和讃』、『註釈版聖典』六〇六頁）とか「智慧《ちえ》の名《みょう》号《ごう》」（『唯信鈔文意』、『同』七〇七頁）ということもおっしゃっています。如来よりたまわった信心には、かならず智慧がそなわっているとお考えだったのです。

そうした信心の両面を最もよくあらわしているのが、「機法二種《きほうにしゅ》の深信《じんしん》」ということではないでしょうか。昔から信心は「機の深信」と「法の深信」という両面をもつと申します。しかもそれは二種一具《いちぐ》で、決して別のことをいうのではないと教えられています。これはどういうことでしょうか。

「機の深信」とは、

わが身は今このように罪深い迷いの凡夫であり、はかり知れない昔からいつも迷い続けて、これから後も迷いの世界を離れる手がかりがないと、ゆるぎなく深く信じる。

（『顕浄土真実教行証文類（現代語版）』一七二〜一七三頁）

ことであり、私たちの実相を見通し正しくそれを把握するものと言えましょう。その意味では、阿弥陀さまの智慧のはたらきによるものと言えます。これに対して、「法の深信」とは、

阿弥陀仏の四十八願は衆生を摂《おさ》め取ってお救いくださると、疑いなくためらうことなく、阿弥陀仏の願力におまかせして、間違いなく往生すると、ゆるぎなく深く信じる。（『同』一七三頁）

ことであり、阿弥陀さまの慈悲による救済のはたらきを信じることにほかなりません。これは、阿弥陀さまのさとりから発動した智慧・慈悲という両面のはたらきが、「信心」の内容として具体的にあらわされたものと言ってよいように思います。

宗学では、二種の深信は二にして一であり、信機《しんき》は自力を捨てることをいい、

信法《しんぽう》は他力に帰することをいって、「捨機托法《しゃきたくほう》」の信心にほかならないといいます。私たちは仏さまの智慧によって、機を照らされて自力を捨て、法に照らされて他力に帰するのです。

慈悲によりいただく信心

そういう信心をよろこぶ身になるのは、自分のはからいによってではなく、まったく仏さまのはたらきによってですから、それを慈悲によるというのです。

釈迦《しゃか》・弥陀《みだ》は慈悲《じひ》の父母《ぶも》
種々《しゅじゅ》に善巧方便《ぜんぎょうほうべん》し
われらが無上《むじょう》の信心《しんじん》を
発起《ほっき》せしめたまひけり

（『高僧和讃』、『註釈版聖典』五九一頁）

釈迦《しゃか》・弥陀《みだ》の慈悲《じひ》よりぞ
　願作仏心《がんさぶっしん》はえしめたる
　信心《しんじん》の智慧《ちえ》にいりてこそ
　仏恩報《ぶっとんほう》ずる身《み》とはなれ

（『正像末和讃』、『同』六〇六頁）

という和讃は、そのことをあますところなく語っていると言えましょう。

はじめに浄土の教えは慈悲門であると申しましたが、それはこのように信心があくまで仏さまの慈悲のはたらきによって成立するということで、私たちが何もしないでほうっておけばよいということではありません。お念仏さえ称えていれば、仏さまは慈悲のかたまりだから浄土へ迎えてくださると考えている人が、いまも多いのではないでしょうか。もしそうなら、教えを真剣に聞くことも信心をよろこぶ身になろうと求めることもいりません。蓮如上人が『御文章《ごぶんしょう》』に、あれほどくりかえして「信心決定《しんじんけつじょう》」ということをおっしゃる必要もなかったことになりましょう。

『御文章』三帖目第五通には、

ただなにの分別《ふんべつ》もなく南無阿弥陀仏《なもあみだぶつ》とばかりとなふれば、みなたすかるべきやうにおもへり。それはおほきにおぼつかなきことなり。

（『註釈版聖典』一一四三頁）

とおっしゃっています。そういう一般の誤解に対して、蓮如上人は何よりも「信心決定」が大切だとおっしゃったのです。

幕末に活躍した博多・万行寺《まんぎょうじ》の七里《しちり》恒順《ごうじゅん》師（一八三五―一九〇〇）は、こうおっしゃっています。

信心《しんじん》とは夢《ゆめ》の醒《さ》めることである。知識《ちしき》の御教化《ごけうくゑ》で呼《よ》び醒《さ》ましていたゞけば、一念《ねん》の迷夢《めいむ》こゝに晴《は》れて、やれ今迄眠《いままでねむ》つたことのあさましやと、善知識《ぜんちしき》の言《こと》葉《ば》の下《した》に、帰命《くゐみょう》の一念発得《ねんほっとく》せばあやまり果《は》てゝ、御慈悲《おじひ》を喜《よろこ》ぶばかりである。

（『七里和上言行録』一四〇頁）

ここで初めて「お慈悲」ということが言えるのであり、「信心決定」をぬきにして言うことではないということがよく理解されるのではないでしょうか。

そのように、阿弥陀さまの慈悲によって与えられる信心一つで、生死の迷いから離れることができるということを、先輩たちは「慈悲門」の教えといわれたのです。

念仏の信心・信心の念仏

行信の不離

浄土真宗の教えが「信心正因・称名報恩」であることはよく知られていることですが、この「信心」と「称名」、すなわち「信」と「行」とがどういう関係にあるのかということについては、いろいろ議論があります。宗学で「行信論《ぎょうしんろん》」といわれるものも、その問題にかかわる議論ですし、なかなか簡単に説明できないところがあります。ここではそうした議論には立ち入らないで、親鸞聖人がこのことをどうおっしゃっているのかについてだけ述べることにします。

まず「念仏の信心」ということについて考えてみましょう。それについて最もよく知られ、また最も明確に書かれているのは、親鸞聖人の次のお手紙です。これは「信行一念章《しんぎょういちねんしょう》」と呼ばれるもので、「信の一念」「行の一念」の関係について述べられているものですが、そこには「信」と「行」との関係をめぐって、一番肝心なことが記されています。

信《しん》の一念《いちねん》・行《ぎょう》の一念《いちねん》ふたつなれども、信《しん》をはなれたる行《ぎょう》もなし、行《ぎょう》の一念《いちねん》をはなれたる信《しん》の一念《いちねん》もなし。そのゆゑは、行《ぎょう》と申《もう》すは、本願《ほんがん》の名号《みょうごう》をひとこゑとなへて往生《おうじょう》すと申《もう》すことをききて、ひとこゑをもとなへ、もしは十念《じゅうねん》をもせんは行《ぎょう》なり。この御《おん》ちかひをききて、疑《うたが》ふこころのすこしもなきを信《しん》の一念《いちねん》と申《もう》せば、信《しん》と行《ぎょう》とふたつときけども、行《ぎょう》をひとこゑするとききて疑《うたが》はねば、行《ぎょう》をはなれたる信《しん》はなしとききて候《そうろ》ふ。また、信《しん》はなれたる行《ぎょう》なしとおぼしめすべし。（『親鸞聖人御消息』第七通、『註釈版聖典』七四九～七五〇頁）

『教行信証』では、「行巻」と「信巻」で「大行」「大信」について詳しく論じられていますが、とくにその中で、「往相回向の行信」について「行の一念」「信の一念」ということがあるとされ、「行の一念」については、称名《しょうみょう》の遍数《へんじゅ》について選択易行《せんじゃくいぎょう》の至極《しごく》を顕開《けんかい》す。

（「行巻」、『註釈版聖典』一八七頁）

といわれ、「信の一念」については、

信楽開発《しんぎょうかいほつ》の時剋《じこく》の極促《ごくそく》を顕《あらわ》し、広大難思《こうだいなんじ》の慶心《きょうしん》を彰《あらわ》すなり。

（「信巻」、『同』二五〇頁）

といわれています。また、

信心《しんじん》二心《にしん》なきがゆゑに一念《いちねん》といふ。

（「信巻」、『同』二五一頁）

といわれています。

わかりやすく言えば、「行の一念」というのはただ一度の称名念仏であり、「信の一念」というのは信心開発の最初の瞬間であり、またふたごころのない心であるというのです。この「行の一念」「信の一念」について、門弟の中で議論があったのでしょう、親鸞聖人がそれについて返事をなさったのが、建長《けんちょう》八（一二五六）年五月二十八日に覚信房《かくしんぼう》にあてて送られた先のお手紙です。

ここでは「行」と「信」とが不離であることが、実に明確に説かれています。「行の一念」「信の一念」ということをいうけれども、本願の名号を一声称えたならば浄土往生をするということを聞いて、一声でも十声でも称えるのが行であり、その本願を聞いて疑わないのが「信の一念」であるから行と信とは離れない、といわれています。これは、念仏往生の教えを聞いて、それをまことと信じるから一声でも念仏を称えるのであり、また本当に念仏を称えるところには、信心開発ということが離れずにあるということです。もちろん、教えを信じないで口先だけで念仏を称えるということもありますが、この場合はそんなことは問題外で、ています。

「生死出づべき道」として念仏往生について真剣に求めていることが前提になっ

念仏の信心

「信心の開発」といっても、何も内容なしに信じるということはありえません。
「諸仏によって讃めたたえられたい」という法蔵菩薩の願（第十七願）が成就して、諸仏が阿弥陀仏の名を称えて讃めたたえられる。その諸仏の称名はそのまま衆生への喚びかけであり、その喚びかけを聞いて私たちが信順し（「聞其名号信心歓喜」その名号を聞きて信心歓喜せん／第十八願成就文）、その信心が初めて起こった時を「信の一念」といいます。それは、「念仏申《ねんぶつもう》さんとおもひたつこころのおこるとき」（『歎異抄』第一条）でもありますから、自らも称え、ともに称名念仏する。それが「行の一念」であって、そこには念仏すると同時に喚びかけに信順するということがあるわけです。そして、称名念仏しようとすることと信順するということとがあくまで離れずにあることが、「行信不離」ということです。このように、「行」と「信」とはあくまで別のことで、しかも離れずにあるということが、親鸞聖人のいわれていることです。

このことを別な言い方で示されているのが、よく知られた『歎異抄』第一条冒頭の次の言葉です。

弥陀《みだ》の誓願不思議《せいがんふしぎ》にたすけられまゐらせて、往生《おうじょう》をばとぐるなりと信《しん》じて念《ねん》仏申《ぶつもう》さんとおもひたつこころのおこるとき、すなはち摂取不捨《せっしゅふしゃ》の利益《りやく》にあづけしめたまふなり。

（『註釈版聖典』八三二頁）

ここには、「行信不離」という事態がみごとに捉えられています。「不思議の本願にたすけられて、浄土往生ができると信じて念仏を申そうと思いたつ心が起こるとき」という表現は、実に微妙な表現です。「念仏を申そうと思いたつとき」でもなければ、「念仏を申そうと思いたつ心を起こすとき」でもなく、「念仏を申そうと思いたつ心の起こるとき」という表現には、自力の心を離れた他力回向の「信心の開発」という事態が実に的確にあらわされています。「信じて念仏を申す」ということが、本願のはたらきによって、自ずからそこに現前しているのです。

これにくらべると、同じ『歎異抄』第十三条の、

本願《ほんがん》を信《しん》じ念仏《ねんぶつ》を申《もう》さば仏《ぶつ》に成《な》る、そのほか、なにの学問《がくもん》かは往生《おうじょう》の要《よう》なるべきや。（『註釈版聖典』八三九頁）

という表現には、「信心開発」という事態が十分に捉えられているとは言えないところがあります。これでは、「本願を信じる」ということと「念仏を称える」ということとが、別々のことのように受け取られます。「本願を信じ念仏を申す」ということはそのとおりなのですが、この表現では、「行」と「信」が不離であるとい

うことは明らかにならないのです。「念仏申さんと思い立つ心のおこるとき」という言葉によって、「念仏を申す」という行と「本願を信じる」という信とが、離れずにそこにあるということが明らかになります。法然聖人門下の浄土教学の中で、親鸞聖人の教えがとくにすぐれているのは、まさにこの「行信不離」ということを明らかにされたところにあるのですから、その理解は十分厳密でなければなりません。

この「行信不離」ということは、親鸞聖人の宗教的体験に密接に結びついていることであり、法然聖人に出会い、その導きによって念仏門に帰入された聖人の精神的な転機を、そのまま語られているのが先の『歎異抄』第一条の言葉だと思われます。親鸞聖人が「たまたま行信《ぎょうしん》を獲《え》ば」（『教行信証』「総序」、『註釈版聖典』一三二頁）とか、「真実《しんじつ》の行信《ぎょうしん》」（「行巻」、『同』一〇二頁）とかいわれることからもわかるように、「行信不離」ということは聖人の教えの要となっているのですから、このことを本当に自分のこととしなければ、聖人の教えに従ったということにはならないと言えましょう。聖人の教えが、ただ「念仏」だけでもなければ「信心」だけでもなく、あくまで「念仏の信心」であることを、よく理解しなければなりません。

信心の念仏

次に「信心の念仏」ということですが、言うまでもなく、私たちが本当に念仏を称えるのは、他力回向の信心を獲得し本願に乗托《じょうたく》したうえでのことで、信心なくして念仏を称えるというのは、自力の念仏にほかなりません。親鸞聖人が有阿《ゆうあ》弥陀仏《みだぶつ》という人にあてて書かれたお手紙には、こうあります。

弥陀《みだ》の本願《ほんがん》と申《もう》すは、名号《みょうごう》をとなへんものをば極楽《ごくらく》へ迎《むか》へんと誓《ちか》はせたまひたるを、ふかく信《しん》じてとなふるがめでたきことにて候《そうろ》ふなり。信心《しんじん》ありとも、名号《みょうごう》をとなへざらんは詮《せん》なく候《そうろ》ふ。また一向名号《いっこうみょうごう》をとなふとも、信心《しんじん》あさくは往生《おうじょう》しがたく候《そうろ》ふ。されば念仏往生《ねんぶつおうじょう》とふかく信《しん》じて、しかも名号《みょうごう》となへんずるは、疑《うたがい》なき報土《ほうど》の往生《おうじょう》にてあるべく候《そうろ》ふなり。
（『親鸞聖人御消息』第二十六通、『註釈版聖典』七八五頁）

ここに引用した文の前後の文から考えると、「念仏往生と信じる人は辺地《へんじ》の往生をとげる。すなわち浄土に生まれるのではなくて、浄土の周辺にしか生まれられない。浄土往生には信心往生でなくてはならない」と、主張する人がいたことがわかります。それについて、有阿弥陀仏という門弟が親鸞聖人に「そういう説はいかがでしょうか」という質問をし、それに対する聖人のお答えがこのお手紙であると思われます。この質問の背景には、本願を信じさえすれば念仏を称える必要はない、信心だけでよいとする考えがあって、やはり念仏と信心が別々にみられていますす。親鸞聖人はそのことについて、先のお手紙と同じように、本願は念仏する者を浄土へ迎えようというのであり、その本願を深く信じて念仏するのが「念仏往生」ということだとおっしゃっています。そして、「信心があるといっても、念仏を称えないのはそのかいがない」とも、言い換えれば、本当に信じたことにはならないといわれています。念仏ばかり称えていても信心がしっかりしていなくては、浄土往生はできないのであって、念仏往生の信心と称名念仏とはあくまで不離であると、重ねておっしゃっているわけです。それは、信心といってもただ信じるというだけのことではなく、「念仏の信心」でなければならないし、また念仏といってもただ口先だけの念仏ではなく、「信心の念仏」でなければならないということです。

信心正因とはからい

このことについて、『歎異抄』第十一条に、誓願不思議・名号不思議ということをめぐって次のように記されています。

一文不通《いちもんふつう》のともがらの念仏申《ねんぶつもう》すにあうて、「なんぢは誓願不思議《せいがんふしぎ》を信《しん》じて念《ねん》仏申《ぶつもう》すか、また名号不思議《みょうごうふしぎ》を信《しん》ずるか」といひおどろかして、ふたつの不思《ふし》議《ぎ》を子細《しさい》をも分明《ぶんみょう》にいひひらかずして、ひとのこころをまどはすこと。この条《じょう》、かへすがへすもこころをとどめて、おもひわくべきことなり。

（『註釈版聖典』八三八頁）

『歎異抄』の前半十条で親鸞聖人の語録が終わり、編者が「上人《しょうにん》（親鸞）の仰《おお》せにあらざる異義《いぎ》ども」（同頁）を論じています。そのはじめに取りあげたのがこの「誓名別信《せいみょうべっしん》の異義」といわれるものですが、その具体的な内容は、今日の私たちには十分理解できないところがあります。文字のひとつも知らないで念仏する者に対して、「おまえは誓願不思議を信じて念仏を申しているのか、それとも名号不思議を信じているのか」と尋ねておびやかす。しかもそのふたつの違いをはっきり説明もせずに人をまどわす。そういうことはあってはならない、と編者はいっています。おそらく、如来の本願を信じればそれでよいのであって、念仏を称える必要はないとする主張（誓願不思議）と、名号の力で往生できるのだから称名念仏することが肝心だとする主張（名号不思議）とがあって、その二つの立場が対立していたのでしょう。それに対して、編者はそういう区別がそもそも誤りで、両者はひとつであると、このあとの文で言おうとしているようです。しかし、その趣旨はあまりよくわかりません。

その議論はともかくとして、誓願（本願）と名号との関係についても、親鸞聖人のお言葉は実に明快です。

誓願《せいがん》・名号《みょうごう》と申《もう》してかはりたること候《そうら》はず。誓願《せいがん》をはなれたる名号《みょうごう》も候《そうら》はず、名号《みょうごう》をはなれたる誓願《せいがん》も候《そうら》はず候《そうろ》ふ。かく申《もう》し候《そうろ》ふも、はからひにて候《そうろ》ふなり。ただ誓願《せいがん》を不思議《ふしぎ》と信《しん》じ、また名号《みょうごう》を不思議《ふしぎ》と一念信《いちねんしん》じとなへつるうへは、なんでふわがはからひをいたすべき。ききわけ、しりわくるなど、わづらはしくは仰《おお》せられ候《そうろ》ふやらん。これみなひがごとにて候《そうろ》ふなり。ただ不思《ふし》議《ぎ》と信《しん》じつるうへは、とかく御《おん》はからひあるべからず候《そうろ》ふ。

（『親鸞聖人御消息』第二十三通、『註釈版聖典』七八一頁）

これは教名房《きょうみょうぼう》という門弟へあててのお手紙で、彼の質問に対するお答えなのですが、「本願と名号は離れない。本願を信じ、名号を一念信じて念仏申した以上は、どうしてそこに自分のはからいをいれられようか。誓願不思議がどうとか、名号不思議がどうとか、いろいろ議論するのは皆まちがいで、不思議と信じたからには、あれこれはからいがあってはならない。浄土往生の行業については、自分のはからいがあってはならない、如来におまかせしなければならない」と、親鸞聖人はこのように教えておられるのです。

そこでは、誓願不思議はこういうことで名号不思議はこういうことだから、両者はひとつだというのではなくて、「真実の行信」が不離に成じた事態をふまえて、

「はからい」があってはならないとされています。要するに、親鸞聖人のお言葉では、「念仏の信心」と「信心の念仏」とは離れないのであって、念仏往生と信じる信心が開発して念仏を申すということが、聖人の教えの根本であると言えましょう。後に「信心正因・称名報恩」という教義が定まっていくのも、こうした「行信不離」の関係が教えの基礎にあるからであると思われます。

「お念仏」ということはよく言いますが、親鸞聖人の教えが「信心の念仏」であるということを忘れてしまっては、法然門下の他の流れとの違いがなくなってしまうのではないでしょうか。また「信心正因」ということをいっても、その信心が「念仏の信心」であることを知らなければ、他の宗教の信仰との相違がわからなくなってしまいます。親鸞聖人の教えは「念仏の信心」であり、またそれと離れずに「信心の念仏」であることを十分理解しなければいけません。

「還相」の今日的意義

「還相」のリアリティ

浄土真宗では、「往相」とは往生浄土の相状であり、「還相」とは還来穢国の相状ですが、そのいずれもが本願力の回向によって実現されると教えられています。すなわち、「往相」とは、本願のはたらきによって私たちが浄土へ生まれていくすがたであり、「還相」とは、やはり本願のはたらきによって浄土往生の後、再び穢土へ帰り来たって、一切衆生を教化し仏道へ向かわせるすがたです。このことは、「往相・還相」の基本的な理解で、真宗の教えを学ぶ者なら、誰もが知っていなければならないことと言えましょう。

しかし、「往相・還相」の具体的な内容、言い換えれば、それが私たちの現実の生活にどういう意味をもっているかということが、だんだんわかりにくくなってきているように思います。「往相」についてはまだしも、とくに「還相」については、それが何か神話的なことを語っているように考えられているのではないでしょうか。親鸞聖人の時代には、たとえば『歎異抄』第四条に、

浄土《じょうど》の慈悲《じひ》といふは、念仏《ねんぶつ》して、いそぎ仏《ぶつ》に成《な》りて、大慈大悲心《だいじだいひしん》をもつて、おもふがごとく衆生《しゅじょう》を利益《りやく》するをいふべきなり。

(『註釈版聖典』八三四頁)

とか、同じく『歎異抄』第五条に、

いづれもいづれも、この順次生《じゅんじしょう》に仏《ぶつ》に成《な》りてたすけ候《そうろ》ふべきなり。

(『同』八三四~八三五頁)

と記されていることからもわかるように、いのち終わって浄土に生まれ成仏して衆生を済度することは、いわばすんなりと受け止められることでした。しかし今

日ではそうしたことは、荒唐無稽《こうとうむけい》な事柄を言っていると受け取られそうです。その背後に、現代の科学的な世界の見方があることは言うまでもありません。

科学的世界観

現代の人間は、宗教的な表象に対しては至って疑い深いのですが、一方科学的な見方には、はなはだ好意的です。宇宙の発生や終末についての壮大な物語、普通の時間・空間という観念では理解できないような果てしない宇宙の広がり、今日の天文学が語るそうした知識について、誰も疑いをもつ人はないと言ってよいでしょう。それは、その知識が実験や観察に基づいて明らかにされた、動かすことのできない事実だとされているからです。しかしそういう科学的な知識は、現在の科学の到達した段階でのものであって、さらに学問が進展し人間の知る領域が拡がると、変化してくるものです。その意味では現在の科学的な知識も絶対確実なことではなく、暫定的《ざんていてき》なものなのです。そのことは、科学者なら当然のこととして認めるでしょう。

宗教的な表象は、そうした科学的な知識とは違ったものです。それは時代とともに変化したり発展したりするものではありません。また個々の事柄について事実かどうかを語ろうとするものでもありません。それは宗教的な境地に到達した人たちによって得られた人生の意味や価値についての智慧であり、総じて人間の真実について明らかにしようとするものです。宗教が世界のありさまや人生の様相について語る時、それはいつも世界や人生の意味と価値を考えようとしているのであり、ただ客観的な事実を述べようとしているのではありません。この点が、宗教的な表象を理解しようとする場合に最も重要なことでしょう。

「往相」や「還相」ということでも、それをまるで宇宙船に乗って月や火星に往復するように、浄土と現世の間を行ったり来たりすることと考えるならば大きなあやまりです。そういうこの世での出来事とはまったく違ったことが、これらの表象では語られていることに気づかなければなりません。それでは、親鸞聖人はこうした表現によって、いったい何を言おうとされたのでしょうか。

還相の菩薩

まず考えられることは、「往相・還相」ということが、親鸞聖人の宗教的な経験に深く結びついているということです。

親鸞聖人にとって、法然聖人は「ただ人」ではなかったことは、誰もが認めることでしょう。親鸞聖人は生死出離を願って比叡山を下り、六角堂に参籠して聖徳太子の示現《じげん》に遇い、その導きによって吉水に赴かれました。そして法然聖人の教えに信順して念仏門に帰入されました。親鸞聖人にとって法然聖人は、終生鑽仰してやまない師であると同時に、まさに仏・菩薩の化現として仰がれる方であったと言えましょう。聖人のそうしたお気持ちは、『高僧和讃』の、

曠劫《こうごう》多生《たしょう》のあひだにも

出離《しゅつり》の強縁《ごうえん》しらざりき
本師源空《ほんしげんくう》いまさずは
このたびむなしくすぎなまし
（『註釈版聖典』五九六頁）

智慧光《ちえこう》のちからより
本師源空《ほんしげんくう》あらはれて
浄土真宗《じょうどしんしゅう》ひらきつつ
選択本願《せんじゃくほんがん》のべたまふ
（『同』五九五頁）

といった言葉からも知ることができます。
もとより親鸞聖人は、誰に対してもそういうお気持ちをもたれたわけではありませんが、生死出離の道を教示された法然聖人に対してだけは、特別なものがあったと考えられます。そしてそのお気持ちは、そのまま法然聖人を「還相」の菩薩と仰がれる思いにつながっていると申せましょう。親鸞聖人にあっては、「還相」ということは決して架空のことではなく、現実に目の前の法然聖人の姿において見いだされることだったのです。だからこそ『高僧和讃』に、

阿弥陀如来化《あみだにょらいけ》してこそ
本師源空《ほんしげんくう》としめしけれ
化縁《けえん》すでにつきぬれば
浄土《じょうど》にかへりたまひにき
（『註釈版聖典』五九八頁）

とうたわれたのです。「証巻」に引かれる、

還相《げんそう》とは、かの土《ど》に生《しょう》じをはりて、奢摩他《しゃまた》・毘婆舎那《びばしゃな》・方便力成就《ほうべんりきじょうじゅ》することを得《え》て、生死《しょうじ》の稠林《ちゅうりん》に回入《えにゅう》して、一切衆生《いっさいしゅじょう》を教化《きょうけ》して、ともに仏道《ぶつどう》に向《む》かへ

しむるなり。

（『註釈版聖典』三一三頁）

という『往生論註』の言葉は、法然聖人において具体的に実現されていると、親鸞聖人は受け取られたのではないでしょうか。この末法濁世《じょくせ》に念仏の教えが伝わったのも、浄土からの「還相回向」が実現されているからであり、三国七祖の高僧たちはその還相の菩薩にほかならないというのが聖人のお考えであったと言えましょう。そして「往相・還相」のすべてが本願のはたらきなら、私たちも必ずその中におさめとられて、次の世にともに衆生済度に参加できるのだという確信が生まれ、それが「還相回向」ということをいわれる基礎となったと考えられます。

度衆生心と還相回向

親鸞聖人は、浄土の教えは自分さえ浄土に生まれて安楽になればよいというような教えではないというお考えを、強くおもちであったと言えます。それは、

「信巻」菩提心釈に、

> もし人《ひと》無上菩提心《むじょうぼだいしん》を発《ほっ》せずして、ただかの国土《こくど》の受楽間《じゅらくひま》なきを聞《き》きて、楽《らく》のためのゆゑに生《しょう》ぜんと願《がん》ぜん、またまさに往生《おうじょう》を得《え》ざるべきなり。
>
> （『註釈版聖典』二四七頁）

という『往生論註』の文を引用されていることからもうかがわれます。もちろんこの無上菩提心は、聖人の場合、煩悩具足の凡夫の起こす心ではなく、如来回向の真実信心であることは言うまでもありませんが、その真実信心に「度衆生心」、すなわち「衆生《しゅじょう》を摂取《せっしゅ》して有仏《うぶつ》の国土《こくど》に生《しょう》ぜしめる心《こころ》」（『註釈版聖典』同頁）がそなわっていると聖人はお考えになっているのです。その「度衆生心」が現実にはたらくと「還相回向」となるわけです。

かの阿闍世王も、釈尊の導きによって「無根の信」を獲得《ぎゃくとく》した時、世尊《せそん》、もしわれあきらかによく衆生《しゅじょう》のもろもろの悪心《あくしん》を破壊《はえ》せば、われつねに阿鼻地獄《あびじごく》にありて、無量劫《むりょうこう》のうちにもろもろの衆生《しゅじょう》のために苦悩《くのう》を受《う》けしむとも、もつて苦《く》とせず

（「信巻」、『註釈版聖典』二八七頁）

といっています。親鸞聖人が「信巻」に『涅槃経』のこの文を引かれたのは、真実信心にそなわる「度衆生心」を明らかにしようとされたのではないでしょうか。煩悩具足の私たちには、この世では衆生済度をする力はありませんが、自らの中に開発された信心には、その力があり、それが来世で実現されることを示そうとされたのが「還相回向」という表現です。

浄土での再会

親鸞聖人が「往相・還相」ということをいわれる背景には、さらに聖人ご自身の厳しい生活経験があったことが考えられます。

私たちにとって、とくに堪え難いのは肉親との死別です。「生者必滅《しょうじゃひつめつ》、会者定離《えしゃじょうり》」という無常の理《ことわり》は、仏教徒なら誰もが知るところですが、実際に愛する者と死別する悲しさは、直接にそれを経験しないかぎり理解できないことでしょう。その時、果たして私たちは「死んでしまえばそれまでのことだ」と言えるでしょうか。またそうした悲しみを何によって癒すことができるのでしょうか。

九十年にわたるご生涯において、親鸞聖人がそうした悲痛な経験を何度もされたであろうことは、容易に推測されます。ご家族だけではなく、睦《むつ》みあわれた門弟たちとの別れも悲しいことであったに違いありません。「御消息」の第十三通には、東国の門弟の覚信坊が上洛の途上で亡くなった時の様子をお聞きになって、親鸞聖人が涙を流されたことが記されていますが、そうした悲しみを癒すのは、聖人にあっては、ともに来世は浄土に生まれられるという思いであったと考えられます。同じく「御消息」の第十五通に、かくねむばうの御《おん》こと、かたがたあはれに存《ぞん》じ候《そうろ》ふ。親鸞《しんらん》はさきだちまゐらせ候《そうら》はんずらんと、まちまゐらせてこそ候《そうら》ひつるに、さきだたせたまひ候《そうろ》ふこと、申《もう》すばかりなく候《そうろ》ふ。かくしんばう、ふるとしごろは、かならずかならずさきだちてまたせたまひ候《そうろ》ふらん。かならずかならずまゐりあふべく候《そうら》へば、申《もう》すにおよばず候ふ。

（『親鸞聖人御消息』、『註釈版聖典』七六九〜七七〇頁）

と記されていることからも、それがうかがわれます。覚念房《かくねんぼう》の亡くなったことを聞かれ、高齢の自分が先に死んで浄土で待っていようと思っていたのに、覚念房が先に亡くなってしまったことは言いようのないほど悲しいことだ、とお書きになっておられます。また覚信房は先年亡くなったから、きっと浄土で待っていてくれるだろう、とおっしゃっています。心をかよいあわせた門弟たちとの死別の悲しみが、こうした文面から私たちにも伝わってきます。それとともに、その悲しみを浄土での再会を思うことによって癒そうとされている親鸞聖人のお気持ちも知ることができましょう。

こうした思いを、誰が神話的なことと言って退けることができるでしょうか。浄土の教えは人間の視野を限りなく深くします。しかも、そのことによって、私たちが現実の生活において直面する苦悩を克服する力を与えます。来世への思いを開くとは、そういう意味をもっているのです。

生きることの意味

先に言ったように、科学的世界観でも、私たちが見ることもできない、経験することもできない数億年、数十億年の過去や未来についていろいろと述べているではありませんか。しかし、それがたとえ事実であるとしても、いったいそれは私たち自身にとってどういう意味をもつのでしょうか。つかのまの人生を過ごして、やがて消えていく私たちにとって、数億年先の地球や太陽の運命がどうだというのでしょうか。

もちろん、こうした知識の拡大はそれなりの大きな価値をもっていることは言うまでもありません。現代の人間の生活面での向上、多くの病気の克服、貧困からの解放といったことは、直接・間接にいろいろな知識の増大に負っています。しかしどんなに豊かで便利な生活ができても、その意味が失われた人生は虚しいものです。意味もなく価値もなく、ただ虚しい繰り返しが、はたして人生と言えるのでしょうか。

宗教的な表象は、単なる知識として与えられるものではありません。それはつねに生きることの意味を教えようとするものです。「浄土往生」も「還相回向」も、そのことによっていま生きることの意味を明らかにすることがなければ、それこそ架空の夢物語になってしまうでしょう。愛する者との堪え難い死別に際して、今生《こんじょう》に、いかにいとほし不便《ふびん》とおもふとも、存知《ぞんじ》のごとくたすけがたければ

（『歎異抄』第四条、『註釈版聖典』八三四頁）

という悲痛な経験をする者において、初めて、

かならずかならず一《ひと》つところへまゐりあふべく候《そうろ》ふ。

（『親鸞聖人御消息』第十五通、『註釈版聖典』七七〇頁）

とか、

六道四生《ろくどうししょう》のあひだ、いづれの業苦《ごっく》にしづめりとも、神通方便《じんずうほうべん》をもつて、まづ有縁《うえん》を度《ど》すべきなり

（『歎異抄』第五条、『註釈版聖典』八三五頁）

といった言葉が力をもつのです。

「往相・還相」も、こうした宗教的な見方・考え方に結びついている表現であり、そういうことから切り離していわれることではありません。はじめに言ったように、こうした表現は、今日ではとくにわかりにくくなっていることの一つですが、問題はこうした表現や考え方にあるのではありません。問題は「往相・還相」を事実として受け止められなくなっている私たちの方にあり、そのことがまた私たちが本当の依りどころや生きがいを喪失したことに密接に結びついているのです。

人間の知識がどれほど増大しても、人間はそれだけで満足することはできず、自らの生きることの意味や価値を問わずにはおれない存在です。そしてそれに答えうる領域は宗教しかありません。浄土が月や太陽のようにどこか空の彼方にあるわけではないのは言うまでもないことですが、しかし浄土は、私たちの心の中につねに限りない光をさしかけ、生きることの意味を示すことにおいて、月や太陽よりもはるかに大きな力と実在性をもっていると言えましょう。

浄土 ― 人生の洞察と苦悩の解決

『観無量寿経』の説示

『観無量寿経』のはじめにある「発起序《ほっきじょ》」には、こういうことが記されています。韋提希夫人《いだいけぶにん》はわが子阿闍世《あじゃせ》のために幽閉され、悲しみやつれて、はるか耆闍崛山《ぎしゃくっせん》にいます釈尊に歎き訴えます。そこで釈尊は夫人の心を察し、目連《もくれん》・阿難《あなん》の二尊者を従え、直ちに王宮に出現されます。その釈尊の姿を眼前にして、夫人は五体《ごたい》投地《とうち》してこういうのです。

やや、願《ねが》はくは世尊《せそん》、わがために広《ひろ》く憂悩《うのう》なき処《ところ》を説《と》きたまへ。われまさに往生《おうじょう》すべし。閻浮提《えんぶだい》の濁悪《じょくあく》の世《よ》をば楽《ねが》はざるなり。この濁悪《じょくあく》の処《ところ》は地獄《じごく》・餓鬼《がき》・畜生盈満《ちくしょうようまん》し、不善《ふぜん》の聚《ともがら》多《おお》し。願《ねが》はくは、われ未来《みらい》に悪《あく》の声《こえ》を聞《き》かじ、悪人《あくにん》を見《み》じ。いま世尊《せそん》に向《む》かひて、五体《ごたい》を地《ち》に投《な》げ、哀《あわ》れみを求《もと》めて懺悔《さんげ》す。

やや、願《ねが》はくは仏日《ぶつにち》、われに教《おし》へて清浄業処《しょうじょうごっしょ》を観《かん》ぜしめたまへ

（『註釈版聖典』九〇頁）

まずここでは、悪友の提婆《だいば》にそそのかされた阿闍世が、父王・頻婆娑羅《びんばしゃら》を七重の牢獄に閉じこめ、さらに父王に食物をはこんだ母親の韋提希夫人をも怒って殺そうとするという、王妃・韋提希夫人にとっては激変した事態の中で、この言葉が発せられていることに注意しなければなりません。

この韋提希夫人の訴えに応じて、釈尊は諸仏の浄土をまのあたりに現前させます。そしてさらにその中から、とくに夫人が選んだ阿弥陀仏の極楽浄土への往生の行業として定散《じょうさん》二善《にぜん》をお説きになるというのが、『観無量寿経』の趣旨であることは周知のとおりです。

親鸞聖人は、このような『観無量寿経』「発起序」に説かれたことの意味を深くご理解になり、『教行信証』「総序」に、

しかればすなはち、浄邦縁熟《じょうほうえんじゅく》して、調達《じょうだつ》（提婆達多）、闍世《じゃせ》（阿闍世）をして逆害《ぎゃくがい》を興《こう》ぜしむ。浄業機彰《じょうごうきあらわ》れて、釈迦《しゃか》、韋提《いだい》をして安養《あんにょう》を選《えら》ばしめたまへり。これすなはち権化《ごんけ》の仁斉《にんひと》しく苦悩《くのう》の群萠《ぐんもう》を救済《くさい》し、世雄《せおう》の悲《ひ》まさしく逆《ぎゃく》謗闡提《ほうせんだい》を恵《めぐ》まんと欲《おぼ》す。（『註釈版聖典』一三一頁）

と記されています。提婆や阿闍世が逆罪をおかしたのは、浄土の教えが説かれる機縁が熟したことのあらわれであり、釈尊が韋提希に極楽浄土を選ばせたのは、浄土往生の行業が明らかになる機会が生じたことのあかしである、これらの人びとは、いずれも苦悩に沈む衆生を救い、五逆《ごぎゃく》謗法《ほうぼう》の悪人に恵みを与えようとする菩薩たちにほかならない、というのが聖人のご理解です。

浄土教の特色

浄土の教えがどういう教えであるかということは、上記の『観無量寿経』に実によく語られています。その特色の第一は、それは現実の生活に深く苦悩している者に対して明らかになるという点です。

韋提希夫人は、阿闍世がクーデターを起こすまでは、一国の王妃として何不自由ない生活をしていたに違いありません。ところが一転して夫の王は牢に閉じこめられ、そのうえ、自分までもわが子に殺されそうになるという運命にさらされ、心が転倒してしまっているのです。世をうらみ、人をうらむという韋提希の気持ちを、私たちも察することができましょう。はじめに引用した『観無量寿経』の文の前に、

時《とき》に韋提希《いだいけ》、仏世尊《ぶつせそん》を見《み》たてまつりて、みづから瓔珞《ようらく》を絶《た》ち、身《み》を挙《あ》げて地《じ》に投《な》げ、号泣《ごうきゅう》して仏《ぶつ》に向《む》かひてまうさく、「世尊《せそん》、われ宿《むかし》、なんの罪《つみ》ありてか、この悪子《あくし》を生《しょう》ずる。世尊《せそん》また、なんらの因縁《いんねん》ましましてか、提婆達多《だいばだった》とともに眷属《けんぞく》たる。

(『註釈版聖典』九〇頁)

と記されていますが、ここには韋提希の錯乱した気持ちがよくあらわれています。こうした絶望的な気持ちの底から、韋提希はつよく「憂悩なき処」を求めるのです。

現実の生活に満足しきっているかぎり、浄土の教えは私たちにとって切実な問題として迫ってきません。とくに今日のような、物質面で何不自由のない豊かな生活に安住している場合には、「欣求浄土」ということは容易に考えられないと言ってよいでしょう。しかし、どれほど毎日が満ち足りたものであっても、私たちの生命そのものが限りある無常のものであることは、動かすことのできない事実です。そのうえ、ある日突然、それまでの幸せな生活が一挙にくずれさるというようなこともないとは言えません。そうした時、私たちは韋提希夫人と同じように、人生が苦悩にみちたものであることに気づかざるをえないのです。浄土の教えはそうした場合に、私たちに語りかけます。

浄土の教えの第二の特色は、それが聖人・賢者のためのものではなく、あくまで凡愚《ぼんぐ》の私たちのためのものであるという点です。すぐれた人びとなら、どんな逆境にあっても、それを冷静に受け止め、立派に身を処することもできましょう。しかし愚かな凡夫はそういうわけにはいきません。韋提希夫人のように、急変した運命に心が転倒して、人をうらみ世をのろうのが私たちのいつわらぬ姿です。そして、こんな悪人ばかりの世の中には生きていたくないとか、悪人の顔を見たくないとか申します。浄土の教えは、そういうわがままかってな人間の願いをそのまま受け止め、それを手がかりとして真実の世界へ導き入れようとするのです。

浄土の教えの第三の特色は、それが仏力・他力による教えであるという点です。『観無量寿経』には、韋提希の願いに応じて釈尊は神通力によって、諸仏の浄土を、さらに極楽世界をあらわしだし、また韋提希は、無量寿仏や観音・勢至の二菩薩の姿をみて、廓然《かくぜん》として大悟《たいご》し無生忍《むしょうにん》を得た、と記されています。これはすべて仏力によるもので、『観無量寿経』ではそのことを、

諸仏如来《しょぶつにょらい》に異《い》の方便《ほうべん》ましまして

（『註釈版聖典』九三頁）

といっています。人間の力によってではなく、仏の威神力によって浄土や仏菩薩の姿を見ることができるのです。そこに、浄土の教えは全面的に仏力・他力によるものであることが示されているということができましょう。

常住不変の世界

昔の人たちは、浄土をこの現実の世界と空間的につながった世界と考えていたようです。『今昔物語集《こんじゃくものがたりしゅう》』という中世の説話集の中には、讃岐《さぬき》の源太夫《げんだゆう》という猟師の話が出てきます。その猛々《たけだけ》しい猟師は、狩りに出てその帰途、仏の教えを聞いて心をひるがえし、そのまま西へ西へと歩いてとうとう海の近くまで来て、海中から微妙《みみょう》な声を聞き、そのまま樹上でいのち終わったと記されています。西方浄土ということを文字どおり受け取って、西の方にどんどん行けば浄土に到達できると信じたのでしょう。

現代の人はそういう考えとは違う考え方をします。十六世紀以降、西欧における自然科学の発展にともなって、次第に自然科学的な世界観が普及し、いままでは太陽を中心とした太陽系の一惑星として地球があること、宇宙にはそのほかにも無数の天体があり、限りない広さの世界を形成していることなど、昔の人たちには考えられなかったような見方が一般に定着しています。さらにそれだけではなく、電波望遠鏡や宇宙探索ロケットのようなすぐれた機器によって、実証的に宇宙の構造が確かめられています。こういう世界観をもっている私たちにとって、浄土や極楽国土といった表象は意味をもたなくなってしまったのでしょうか。

確かに、先に例にあげたような、西へ西へと行くと浄土に達するというような捉え方は、今日の人間には意味がなくなったかも知れません。しかし、浄土はこの現実の世界から離れてどこか遠いところにあるというものではありません。『観無量寿経』の所説をめぐって話したように、浄土の教えは人間の生き方、あり方というものに対する深い洞察に基づいて説かれているのであり、浄土の表象もそれに密接に結びついているのです。

およそ人間として生きているかぎり、生老病死《しょうろうびょうし》の苦悩から解放されたいと願わない者はありません。生まれたかぎりは死なねばならない。そして、果てしない迷いの世界をへめぐらねばならないということに気づいた時、私たちは生死出離の道を求めざるをえないのです。仏道修行はそのためのものであり、機根すぐれた人たちはすべてその道を歩まれたのです。

しかし、心の底ではそうした願いをもっていても、普通の生活をしている多くの人たちは、家を捨て妻子を捨てて、修行の道に入ることは到底できることではありません。それにはたいへんな決心と努力が必要なのです。しかも時として、そういう平凡な生活をしている人たちにも不幸は襲いかかります。運命の急変というか、それまで夢にも思わなかった事態に直面すると、私たちはあわてふためいて、なすすべを知らないということになってしまいます。韋提希夫人のおかれた状況というものは、決して他人事ではないのです。

そうした時に本当に依りどころとなるのは、苦悩に満ちたこの世界を超えて常住不変の世界があるという教えです。そして、その世界からこの世界へ力強いはたらきかけがあるということが本当に確かめられたならば、私たちはこの世の苦悩から解放されて、平安な境地を開くことができるのではないでしょうか。

本願の建立

先に『観無量寿経』の所説に従って浄土の教えの特色を見てきましたが、こうしたことが一層明らかに説かれているのが『大無量寿経』です。この経典には、他力・本願力による一切衆生の救済という、浄土の教えの真髄があますところなく説かれています。そのゆえにこそ、親鸞聖人は「教巻」に、

それ真実《しんじつ》の教《きょう》を顕《あらわ》さば、すなはち『大無量寿経《だいむりょうじゅきょう》』これなり。

（『註釈版聖典』一三五頁）

浄土の教えは、無常の世にあって苦悩に沈む凡愚の私たちを救済するための教えです。そしてそれは、全面的に仏力による救済の教えです。親鸞聖人は、

この経《きょう》の大意《たいい》は、弥陀《みだ》、誓《ちかい》を超発《ちょうほつ》して、広《ひろ》く法蔵《ほうぞう》を開《ひら》きて、凡小《ぼんしょう》を哀《あわ》れんで選《えら》んで功徳《くどく》の宝《ほう》を施《せ》することを致《いた》す。釈迦《しゃか》、世《よ》に出興《しゅっこう》して、道教《どうきょう》を光闡《こうせん》して、群萌《ぐんもう》を拯《すく》ひ恵《めぐ》むに真実《しんじつ》の利《り》をもつてせんと欲《おぼ》すなり。ここをもつて如来《にょらい》の本《ほん》願《がん》を説《と》きて経《きょう》の宗致《しゅうち》とす、すなはち仏《ぶつ》の名号《みょうごう》をもつて経《きょう》の体《たい》とするなり。

（同頁）

といわれています。阿弥陀如来は一切衆生をあわれみ、これを救うために本願をたてて、そのはたらきを明らかにされた。そして釈尊は、そのはたらきかけである「南無阿弥陀仏」の名号を説かれている。これが『大無量寿経』の肝要であるというこのお言葉の中に、先に言った浄土の教えの真髄が語られていると申せま

しょう。

ここでは、浄土は本当にあるのかとか、どこにあるのかといったことは問題ではありません。むしろ問題は、私たちが現にはかない存在であり、苦しみ悩んで生きていることが事実かどうかということです。もしそうなら、そうした者を救おうとする教えに耳を傾けずにはいられないのではないでしょうか。

一九八五（昭和六十）年、日航ジャンボ機が御巣鷹《おすたか》の尾根に墜落する大惨事が起こりました。難にあった人たちのうちに、飛行機の中で「神さま、助けてください」と書き残した人がありました。その人の気持ちを思うと、私たちも言葉を失ってしまいます。これほど進歩した科学文明の世の中でも、どうすることもできない状況におかれることがあるのです。それが人生の実相であることを思わずにはいられません。浄土の教えは、そうしたこの世の本当のあり方をふまえて、その無常性や苦悩というものを克服する道を示そうとしているのです。

人生苦悩の解決

幸せな生活を突然奪われ、わが子にそむかれた韋提希夫人は、絶望のどん底にあります。どんな慰めもその心にはとどかぬことでしょう。その時、釈尊は金色に輝く浄土や仏・菩薩の姿をあらわしだされ、それによって韋提希の心を転じようとされます。そして、そこに生じた韋提希の深い帰依の気持ちに即して定散二善の教えを説かれるのが、先にも述べたように『観無量寿経』の趣旨ですが、親鸞聖人はその経典の真意は、如来の本願と真実信心を明らかにすることにあると見ぬかれています。

親鸞聖人は「顕彰隠密義《けんしょうおんみつぎ》」という解釈によって、『観無量寿経』や『阿弥陀経』も、表面の教えだけでなく深い真意が隠されていることを示され、それは阿弥陀如来の本願と他力回向の信心であるとされています。如来よりめぐまれる信心の開発こそが『観無量寿経』の本当の教えであると見られるのです。これはどういう意味をもつのでしょうか。

それは、韋提希のように、人生の逆境にあって、この世を厭い浄土に生まれたいと願う者には、散り乱れる思いをやめ心をこらして浄土を観察したり、悪をやめ善を修めて浄土往生を願うことを教えることができる。けれども、そういうことは煩悩具足の凡夫である私たちには実際は不可能なことであり、むしろそうした自力作善の心を捨てて如来の本願に帰してこそ、真実の世界に生まれることができるのだということを言おうとされているのです。

親鸞聖人が、生死出離のための二十年にわたる比叡山での修行生活を捨てて法然聖人のもとに赴かれ、その導きによって他力念仏の教えに帰入されたことはよく知られたことですが、そこには以上述べたような、浄土の教えについての深いご理解があったことを忘れてはなりません。

科学の発達によって人間のものの見方がどのように変化しても、人生のあり方についての深い洞察に基づいて人間の苦悩の解決の道を示そうとする浄土の教えは、いつまでも私たちに力強く語りかけることでしょう。

第四章　問われる宗教者の姿勢

科学と浄土真宗

現代の精神的状況――世俗化の時代

二十世紀が終わろうとしていた頃、自然界にも人間社会にもいろいろなことが起こり、世紀末だとかハルマゲドンだとか、マスコミでもなにかとさわがしい状況がありました。

そういう表面的なことはともかくとして、現代という時代が大きな変動期にあることは確かなように思えます。ことに宗教にかかわる領域においては、この五十年、百年の間に大きな変化が起こっています。それは人間の基本的なものの見方についての変化です。昔は世界観とか人生観とか申しましたが、今日では価値観ということがいわれます。何を自分の生き方の基礎とするか、何を自分にとって価値あるものとするかということです。そういう人間の最も基本的な考え方に、大きな変化が起こっているといわれるのです。

宗教に関係して、こうした現代のものの見方の大きな変化をあらわす言葉の一つが「世俗化」という表現です。「世俗化」とは、元来はヨーロッパでキリスト教の教会財産を世俗の政治権力に譲渡することをいったのですが、十九世紀になって、文化の領域でキリスト教神学の支配が終わったことを意味するようになり、さらに一般に宗教に対する無関心な態度をいうようになりました。二十世紀には、それがキリスト教にとって深刻な事態を示すものとして理解されましたが、他方そこから逆に、「世俗化」を積極的に評価しようとする考え方、すなわち「世俗化時代」がキリスト教の真理性をあらたに明らかにするチャンスであるとする考え方も出てきました。

それはともかくとして、一般的にいって、「世俗化」とは人間の生活から宗教の影響力が急激に衰退したことをいうのであり、それはまさにグローバルな現象で、キリスト教世界もイスラム世界も、仏教諸国にも共通のことであると言わなければなりません。

変化の背景――近代科学の発展

そうしたことの背景に何があるかと言えば、それは申すまでもなく、近代における科学の驚異的な発展です。近代ヨーロッパにおいて成立した科学、それは自然・社会・人文の各領域にわたりますが、その成果はまことに輝かしいものがあり、人間の知識は飛躍的に増大し、視野は急速に拡大しました。極微の世界から宇宙の広がりにまで、究極の物質構造から宇宙の構成にまで、人間の目はとどこうとしています。

こうした科学の発展が、人間の基本的なものの見方に影響を与えることは当然のことであり、先に言った世界観・人生観が、昔とは大きく変化したことは否定できません。

科学的な観察に基づいて、天動説に対して地動説が、神の万物創造に対して生物進化論が論じられ、神の存在証明に対して神の死が主張されるようになるとともに、世界は人間にとってすっかりそのあり方を変えてしまったと言えましょう。

自然界は人間やその他の生物をやさしく育むめぐみ深い場所ではなく、人間の願望や期待とはまったく無関係で、無意味な場所にすぎなくなってしまいました。

現代の人間はそうした世界に生きることを余儀なくされているのであり、そこに自らの生きる意味を見失ったニヒリズムが問題となってくる理由があります。ニヒリズムとは、自己の存在を支える確かなものが何一つないことであり、生きる意味や目的、根拠、そうしたものが見いだされないということです。そこに底知れない不安というものが生まれてきます。

科学的世界観と宗教的世界観

人間が自分の生きる意味や目的を見いだせないで悩むということは、いつの時代にもあることで、その問題に真剣に取り組むことによって、多くの人たちは深い宗教的境地を開いていったのです。その意味では、その問題は普遍的であると言えましょう。しかし現代においては、それに対する答えへの道が閉ざされている、あるいは見失われていると言わなければなりません。

生きる意味が見いだせないといって悩んでいても、それはノイローゼだとかストレスのせいだとかたづけられて、真剣にとりあげてもらえない。どんなこともふつうに理解できる問題に還元されて、そのことに含まれている存在の深い次元からの問いかけに立ち入らない、それが現代の人間のおかれている状況です。

そこから、かえってオカルトや疑似宗教が流行してきます。背後霊だとか、超常現象だとか、不合理なまやかしが人びとを迷わし、無責任なマスコミがそれを増幅します。宗教という名で、どれほどのインチキがはびこっていることでしょう。そういうことの根本に、科学的な考え方と宗教的な考え方との相違がわかっていないということがあります。

科学の基礎は実証です。どんな事柄についても、誰もが検証できる事実について理論が立てられ、証明されなければなりません。その手続きにごまかしがあってはなりません。それが科学が信頼される理由でもあります。それを悪用して、科学がそれを証明するといってインチキを言いふらすこともあるのです。科学的法則を無視して、奇跡が起こったとか神秘が生じたとかいっても、それは科学的にはもちろん宗教的にも何の意味もありません。

事実を重んじる科学に対して、宗教は事実に基づくわけではありません。宗教的表現はすべて象徴的表現です。人間の感覚に訴えて神の存在を証明したり、奇跡を行ったりするのではありません。宗教は事実そのものではなく、事柄の意味を問うのです。

その具体例を申しましょう。キリスト教の『新約聖書』に、ラザロの復活という記事があります。イエスが奇跡を起こして、死んだラザロをよみがえらせたという物語です。デンマークの哲学者キルケゴール（一八一三―一八五五）は、ラザロが復活しても、それからまた何年かたって彼が死んでしまうなら、それは何の意味もないだろうといっています。そこで決定的に重要なのは、ラザロがよみがえったという奇跡の事実ではなくて、イエスの、わたしは復活《ふっかつ》であり、命《いのち》である。わたしを信《しん》じる者《もの》は、死《し》んでも生《い》きる。生《い》きていてわたしを信《しん》じる者《もの》はだれも、決《けっ》して死《し》ぬことはない。

（「ヨハネによる福音書」『聖書　新共同訳』新一八九頁・下）

という言葉なのです。ラザロの復活は、生命の源であるイエスを信じるかどうかという決断を人びとに迫るところにその意味があるのです。本当に死んだラザロがよみがえったかどうかということが問題なのではありません。その意味で「復活」というのは象徴的表現なのです。

仏教の場合でも、釈尊が誕生されて七歩進み、「天上天下唯我独尊《てんじょうてんげゆいがどくそん》」とおっしゃったことは事実かどうか、ということが問題なのではありません。六道の迷いを出てさとりに達したということが問題なのであって、その物語はさとりの象徴的表現なのです。

そういうことを十分知ったうえで、宗教の教えに耳をかたむけなければなりません。宗教が科学では知りえないことを教えるとか、科学の限界を超えるとかいうのは、科学の立場を知らないと同時に、宗教についても正しい知識をもたない者の言うことです。

浄土教の思想

こうした現代の精神状況をふまえて、宗教について考えてみなければなりません。いままでのように、宗教の世界で伝えられてきた言葉をそのままくりかえすだけでは、現代の人間に訴えることはできません。聖典の言葉が私たちに何を語ろうとしているか、それを現代の人間が理解できるように言わなければなりません。親鸞聖人や蓮如上人も、それぞれの時代において、それぞれの言葉で宗教的真実を語ろうとされたのです。もちろんそれは、自分勝手なことを言うことではありません。伝承された真実に則って、それに新しい息吹きを与えるということでなければなりません。それをなしうるかどうかに、現代において宗教が何らかの役割をはたしうるかどうかがかかっています。

そこで、浄土真宗の教えについて言えば、まず本願ということがその教えの中心と言ってよいでしょう。本願とは何を意味しているのでしょうか。それは阿弥陀如来の衆生救済の「願い」です。釈尊の「梵天勧請《ぼんてんかんじょう》」の物語が示すように、さとりは必然的にすくいを発動します。その具体的なあらわれが本願です。そしてその本願は名号に凝縮しています。

親鸞聖人は、その本願をどのように受け止められたのでしょうか。私は、聖人は法然聖人のお言葉において、本願の深い意味を受け止められたのだと思います。

ふつうは、私たちがまことをつくし一生懸命努力すれば、きっとよいむくいがあるという考え方が中心です。どんな宗教も、「悪をやめよ、善を行なえ」と申します。仏教の教えでも、

諸悪莫作《しょあくまくさ》　衆善奉行《しゅぜんぶぎょう》

自浄其意《じじょうごい》　是諸仏教《ぜしょぶっきょう》
（もろもろの悪を作《な》すことなく　もろもろの善を奉行し
自らその意を浄くす　これがもろもろの仏の教えなり）

と「七仏通誡偈《しちぶつつうかいげ》」がいうように、悪をやめて善をなし、心を浄めるというのが通則です。浄土教でも、根本聖典である『大無量寿経』の第十八願は、

至心信楽《ししんしんぎょう》してわが国《くに》に生《しょう》ぜんと欲《おも》ひて、乃至十念《ないしじゅうねん》せん。
（『註釈版聖典』一八頁）

と、「まごころこめて信じよろこび、浄土へ生まれようと願って、わずか十度でも念仏すれば」と記されています。

親鸞聖人の浄土教理解

しかし親鸞聖人は、そのまごころは私たちが起こす心ではなく、阿弥陀さまから回向されるのだと受けとられたのです。それは経典を読んでそう結論されたのではありません。法然聖人の、

ただ念仏《ねんぶつ》して、弥陀《みだ》にたすけられまゐらすべし

（『歎異抄』第二条、『註釈版聖典』八三二頁）

というお言葉をお聞きになった時、そのことが親鸞聖人のお心にとどいてきたのです。そこで第十八願成就文の「至心回向」という言葉に、「至心に回向したまへり」という送り仮名をおつけになったのです。

これはそれまでの浄土教の理解から言えば、百八十度の転換です。自分で一生懸命称名念仏して浄土に生まれたいと願ったのに、一生懸命願っておられるのは

仏さまであるというのが親鸞聖人の教えです。名号を「本願招喚の勅命」というのは、そういう意味です。

「名号」とは、阿弥陀さまからのまことの喚びかけです。それに気づかれたのは親鸞聖人だけです。これはたいへんなことで、私は浄土教におけるコペルニクス的転換であると言ってもよいと思います。私たちは「信心正因」とか「悪人正機《あくにんしょうき》」とか、そういう教えを当たり前のように聞いていますが、それは決して当たり前の教えではありません。当たり前なのは努力すればむくわれるという考えです。

哲学者の中村雄二郎（一九二五―二〇一七）は、日本人の倫理的な徳目の最高位におかれるのは「誠」であるといっていますが、親鸞聖人だけが、その「誠」が私たちにはなくて、仏さまから回向され与えられることに気づかれたのです。その点こそ、聖人の教えの要めであり、また出発点であったと思います。

浄土真宗の普遍的意味

親鸞聖人は、「南無阿弥陀仏」という「名号」を「本願招喚の勅命」であるとおっしゃいましたが、そのような名号の理解はそれまで誰も言わなかったことです。「南無阿弥陀仏」は衆生が称えるものではなくて、阿弥陀さまからの喚びかけであるというのは、まさに百八十度の転換です。そこからどういうことが出てくるかと言えば、私たちの日常的な考え方というものを根本的にくつがえすとともに、浄土の教えの普遍的な意味というものが一挙にあらわれてくると私は思います。

阿弥陀さまからの喚びかけということを今風に言えば、宇宙からのはたらきかけです。「南無阿弥陀仏」という名号は、真如《しんにょ》からの、永遠からの、さとりからの、光明からのはたらきかけであると言えば、それはいつでも、どこでも、誰にでも受け止められる真実です。それをまことと受け止めることによって、私たちは自分ではどれほど求めても得られない、しかも心の深いところでは求めてやまないまことの心、真実心を得、それによって生死の迷いから出ることができるというのが、親鸞聖人の教えです。

それまでどんな人も十分に明らかにすることのできなかった、そういう真実にめざめた人が親鸞聖人です。「南無阿弥陀仏」と称えることが、ただ称名の行ということだったら、浄土教という、あるいは仏教という限定を離れることはできません。「別途不共《べつずふぐ》」といったところで、特殊な教えの一つということにすぎません。普遍への道を開くことはできないでしょう。親鸞聖人は、名号を阿弥陀さまからのさとりの世界からの喚びかけと受け止めることによって、浄土の教えの普遍的意味を発見され、それこそが仏教の真髄であることを明らかにされたのです。「誓願一仏乗」とはそういうことです。

親鸞聖人の教えはそこから糸がつむぎだされるように、一すじに導きだされていったと私は思います。本願・名号・信心・称名・正定聚・必至滅度といったキーワードは、皆一つにむすびついています。真如からの、永遠からの、さとりからの、光明からのはたらきかけである名号と、それを語るのが本願の教えです。そして、その喚びかけにめざめ、それを受け止めるまことの心として開かれるのが信心であり、その信心を定めて名号を称えるところに不退転の境地が確立し、同時に生死を超える道が見いだされるのです。

ただお念仏を称えなさいといっても、お念仏って何だということになります。呪文なのかまじないなのか、と若い人は思うでしょう。「南無阿弥陀仏」という名号は「さとり」からの喚びかけであり、同時に長い歴史の伝統の中でまもり育てられてきた人間にとって根源の言葉です。その名号を聞いてまことと受け止め称える時、私たちは阿弥陀さまの光の中にいるのだということに気づいた時、私たちは迷いから解放されるのです。

それは、ふつうの考え方、ふつうのものの見方からの大きな転換です。自分の能力を信じ、一生懸命努力して生きていけば、自分なりの生き方というものを開いていくことができるし、また開いていかなければならないとする考え方に対して、根本的な変革をせまるものです。親鸞聖人だけが、そのことをはっきりと教えられたのではないでしょうか。

そういう親鸞聖人についていくかどうかが一番大切なことだと思います。『歎異抄』第二条の最後に、親鸞聖人は、

このうへは、念仏《ねんぶつ》をとりて信《しん》じたてまつらんとも、またすてんとも、面々《めんめん》の御《おん》はからひなり　（『註釈版聖典』八三三頁）

とおっしゃっています。そのお言葉の中に、聖人の深い慈悲のお心を読み取らなければなりません。そのお心を読みとることによって、初めて私たちは往生浄土の道を歩むことができるのです。

宗教の普遍性と独自性

世界宗教といわれる宗教が、普遍性をもつことは言うまでもありません。キリスト教・仏教・イスラム教は、いずれも強い個性をもつとともに普遍的な救済を

説く教えであり、そのことが、世界の歴史においてそれぞれが大きな役割を果たした所以でもあります。

普遍性とは、いつでも、どこでも、誰にでもあてはまるということです。古代や中世だけではなく、現代にもその教えは生きている。そしていかなる国、いかなる民族の人びともその教えに触れることができる。さらにその教えの説く救済は、老若男女《ろうにゃくなんにょ》・善人悪人にかかわらない、そういう教えが普遍的であるといわれるのです。

そういう点では科学も普遍的です。科学的真理は、やはりいつでも、どこでも、誰にでも妥当するものです。特定の人だけにあてはまるものではありません。現代の科学や技術がグローバルな意味をもつのは、それが普遍的であるからです。しかし世界宗教は、科学とはちがって、普遍性と同時に独自性をもっています。それぞれの歴史と伝統の中で育てられた固有の性格をもっているのです。科学は、アメリカの科学だとか、日本の科学だとか、内容に区別があるわけではありません。科学の言葉は数式であるといわれますが、数式であらわせば、どこの国の人も同じように理解できるはずです。宗教は、その本質については普遍的な意味をもっていますが、伝えられた言葉や内容は、それぞれ個性的です。

たとえば、キリスト教について言えば、ユダヤ教というユダヤ民族の伝統的な宗教に基礎をおいており、創造主である唯一の人格的な神観念、メシヤ（救世主）としてのキリスト像、神の国の到来といった、一神教としての特色を根幹としています。そうした基本的な教えをぬきにしては、キリスト教は成立しません。普遍的な人類の救いといっても、イエス・キリストを仲保者としてなりたつのであって、イエス・キリストなしで人間が救済されるわけではありません。仏教についても同じであって、「さとり」を開かれた釈尊の教えによって導かれるのであって、仏説をまことと信奉しないで仏教徒となるわけではありません。そのように、宗教においては普遍性と独自性・固有性は随伴しているのであり、その点が科学と根本的に違うところです。

しかし他面、宗教における固有性は、いわば月をさす指の固有性であって、さし示す月の固有性ではありません。あるいは言葉が月をさし示すのであって、言葉は月ではありません。指や言葉が月とされて絶対化する時、そこにいろいろな対立や衝突が起こってきます。宗教間の紛争はそういうかたちで起こることが多いようです。

仏教では、とくに禅の教えが「不立文字《ふりゅうもんじ》」をいうのは、言葉へのとらわれを避けようとするものです。今日では、それをいうために象徴的表現ということを申します。象徴とは、ある事柄や事物を直接いわないで、何らかの別のものによってそれを表現しようとするものです。たとえば、白いバラが純潔を象徴するとか、十字架がイエス・キリストを象徴するという場合です。白いバラをどんなに分析しても純潔ということは出てきません。しかし白いバラは純潔ということにしているのです。そのことによって、いわば高次のリアリティである純潔ということを表現することができるのです。宗教的表現というものはそういう特色をもっています。

仏教の普遍性はどこにあるのでしょうか。それはたとえば「四法印《しほういん》」といわれる教えにあらわれています。「諸行無常・諸法無我・一切皆苦・涅槃寂静」という四つの原則とは、一切の現象は変化してやまない、いかなる存在も不変の本質をもたない、そういう存在にとらわれる迷いの生存のすべては苦である、迷いのとらわれが消滅したさとりの境地は静寂の境地である、ということです。

そのような境地は、教えに導かれ修行をつむならば、誰もが直接に経験できることであり、その道を歩むものが仏道修行者といわれます。しかしそのためには、家を捨て欲望を棄て、戒律をまもり、瞑想して智慧をみがかなければなりません。あるいは、布施《ふせ》や懺悔《さんげ》や坐禅といった行をつむことも必要でしょう。そうした行法が仏教各派の独自性を形成します。浄土門では聖道・浄土の区別をしますが、仏教全体から言えば、先に触れたように「諸悪莫作・衆善奉行・自浄其意・是諸仏教」であって、悪をやめ、善を行い、心を浄めてさとりに達するというのが、その基礎と言えましょう。こういう仏教一般の普遍性に対して、浄土教の普遍性はどこにあるかと言えば、現実の世界を超えた仏の世界が浄土であり、仏名を称えて一心に生まれたいと願えば、仏の力によって生まれることができるという点にあります。

人間性の洞察と浄土真宗の普遍性

親鸞聖人の教えの普遍性はどこにあるのでしょうか。それは、従来の仏教の考え方を百八十度転換して、人間にはまことはない、どれほど努力をしても人間はまことの心を起こすことはできない。しかも人間が求めてやまないまことの心は、実は阿弥陀如来のほうから回向されているということに気づかれたところにあります。

阿弥陀如来の本願を説く浄土の経典は、その如来の真実心が回向されていることを説いている経典であり、その真実心は「南無阿弥陀仏」という名号にあらわれているということが、親鸞聖人の受けとられた浄土の教えです。

そこに浄土の教えの普遍性が語られているのであり、それを親鸞聖人は「誓願一仏乗」とおっしゃったのだと私は思います。善導大師は『往生礼讃《おうじょうらいさん》』で、

衆生《しゅじょう》称念《しょうねん》すればかならず往生《おうじょう》を得《う》。

（『註釈版聖典（七祖篇）』七一一頁）

とおっしゃったし、法然聖人は、

往生《おうじょう》の業《ごう》には念仏《ねんぶつ》を本《ほん》となす。

（『註釈版聖典（七祖篇）』一二一八頁）

とおっしゃいましたが、その「南無阿弥陀仏」こそが仏の喚び声であり「招喚の勅命」であるというのが、親鸞聖人の教えです。

称名念仏を衆生が称えるというなら、浄土門・念仏門の特殊性を離れることは

できません。名号を阿弥陀如来からの、真如からの、さとりからの、光明からの喚びかけであると受け止めることによって、そこに普遍的なダイメンション（次元）が開かれたのです。

しかもその場合、名号はあくまで「南無阿弥陀仏」であり、それ以外のものではありません。そこに浄土教としての独自性があらわれています。浄土教の歴史の中でまもり育てられてきた名号であることによって、浄土教としての独自性が失われず、しかもそこに、いつでも、どこでも、誰にでも、という普遍的な救済が語られているのです。

今日一般には、親鸞聖人の教えが人間性を深く洞察していることを称賛する場合が多いようです。たとえば『歎異抄』第九条の、

久遠劫《くおんごう》よりいままで流転《るてん》せる苦悩《くのう》の旧里《きゅうり》はすてがたく、いまだ生《うま》れざる安養《あんにょう》浄土《じょうど》はこひしからず候《そうろ》ふ　（『註釈版聖典』八三七頁）

とか、同じ『歎異抄』第十三条の、

さるべき業縁《ごうえん》のもよほさば、いかなるふるまひもすべし　（『同』八四四頁）

といった聖人の言葉が、いつわりなき人間の告白として取りあげられます。

しかしそうした言葉は、親鸞聖人の場合、つねに阿弥陀如来の「本願」に信順して生きることとひとつにいわれているのであって、それから離れて人間のありのままを語っているのではないことが、注意されなければなりません。別な言葉で言えば、親鸞聖人はつねに念仏者として生きていらっしゃるのであり、それ以外の生き方というものはありえなかったということです。

教団の今日的課題

一宗の繁昌

現在私たちの教団は、布教伝道という場において、困難な局面に立っています。それはいままで経験しなかった大きな困難であり、その対応を誤ると、教団は伝道教団としてのはたらきをまったく失ってしまうような深刻な事態にあります。何か大層なことを言っているようですが、そういうことが一般に十分に理解されていないということが、その危機が一層深刻であることをあらわしていると言ってもよいかもしれません。

それはどういうことかと言うと、何よりもまず門信徒の聴聞の様子というか態度というものが、以前とはすっかり変わってしまいました。また、お寺での布教伝道の仕方というものが、昔とは異なってきています。本堂の高座でのお説教は、ほとんどされなくなったのではないでしょうか。私が若い頃は、まだ住職や布教使が高座でお説教される姿が見うけられましたが、現在では、ほとんどが講演机を前にしてのご法話です。そしてお聞きになる門信徒は、学校で授業を受ける生徒のように、多くの場合は椅子に座って、一生懸命にお聞きになっています。時には熱心にメモをとっていらっしゃることもあります。その態度は決して不真面目なものではありません。真面目で真剣な態度であることは言うまでもありませんが、しかし「渇仰《かつごう》の頭《こうべ》を垂れて」というのではないように思われます。

これは何を意味するのでしょうか。単に、畳の上に座っての聴聞から椅子に座っての聴聞へと形が変わったというだけのことなのか、それとも、そこに根本的な変化が起こっているということなのか。その変化をどのように理解するかが、現代の布教伝道についての問題意識に深くかかわっています。そしてその背後には、現代における教学のあり方という、より一層大きな問題があるように思うのです。

このことは、もう一度高座でお説教をするようにするとか、本堂では畳の上に座って聞くようにするということで解決する問題ではありません。また、私たちの生活様式がすっかり変わってしまった今日において、もとにもどすということは不可能なことです。とくに高齢者が多くなり、身体が自由に動かないという人たちがふえていることを考えると、もとにもどすということがいかに非現実的なことかということは、すぐにわかります。むしろ本堂を椅子席にして講演形式で法話をすることが、現在では一般的な要請として求められているとも申せましょう。問題はそこにあるのではなくて、そうした形のうえでの変化が、実は内容に深く関係しているということなのです。

さる一九九八（平成十）年三月から十一月まで、西本願寺では蓮如上人五百回遠《おん》忌《き》法要が勤まりました。毎日三千人を超す方々が参詣され、厳粛《げんしゅく》に法要が執行されました。御影堂《ごえいどう》の席はパイプ式の椅子席で、それは本願寺の歴史においても画期的なことでした。ご門主の勤修《ごんしゅう》される法要の儀式に参詣された方々は、深い感銘を受けられたようです。その点では、遠忌法要はつつがなく勤修されたと言ってよいでしょう。

しかし一面では、この法要は私たちに大きな問題を残しました。それは、蓮如上人が、

一宗《いっしゅう》の繁昌《はんじょう》と申《もう》すは、人《ひと》のおほくあつまり、威《い》のおほきなることにてはなく候《そうろ》ふ。一人《いちにん》なりとも、人《ひと》の信《しん》をとるが、一宗《いっしゅう》の繁昌《はんじょう》に候《そうろ》ふ。

（『蓮如上人御一代聞書』第百二十一条、『註釈版聖典』一二七一頁）

とおっしゃったことに、私たちがどれほど応え得たかということです。この機会に、蓮如上人のお言葉を、ひとことでも参詣された人たちにお伝えし、信心獲得の身になっていただくという法要本来の目的に、私たちが本当に心を砕いたのかどうか。もしそうしなかったとすれば、その原因はどこにあったのかということを真剣に考えてみなければなりません。そのことに現代の教学というもののあり

方がかかわっているのです。

現在、浄土真宗の多くの僧侶は、自らのなすべき布教伝道の内容について、迷いをもっているように思います。何をどのように伝えればよいのか、自分が納得できることと伝統的に伝えなければならないとされていることとの落差に、大きなとまどいを感じているのではないでしょうか。

理解されない言葉

浄土真宗の伝道は、少し前までは「領解文《りょうげもん》」によって導かれていました。「安心《あんじん》・報謝・師徳・法度《はっと》」という四項目は、浄土真宗の正義として説かれ、布教使はそれをできるだけやさしく、誰にもわかるように説いておられたのです。

もろもろの雑行雑修自力《ぞうぎょうざっしゅじりき》のこころをふりすてて、一心《いっしん》に阿弥陀如来《あみだにょらい》、われらが今度《こんど》の一大事《いちだいじ》の後生《ごしょう》、御《おん》たすけ候《そうら》へとたのみまうして候《そうろ》ふ。

（「領解文」、『註釈版聖典』一二二七頁）

と最初に、自力のこころを離れて阿弥陀如来の本願他力にすべてを託する、いわゆる捨自帰他の安心が説かれ、次に、

たのむ一念《いちねん》のとき、往生一定《おうじょういちじょう》御《お》たすけ治定《じじょう》と存《ぞん》じ、このうへの称名《しょうみょう》は、御《ご》恩報謝《おんほうしゃ》と存《ぞん》じよろこびまうし候《そうろ》ふ。（同頁）

と、信の一念に往生が定まるから、それ以後の念仏は報恩にほかならないという、いわゆる「称名報恩の義」が示される。そしてさらに、

この御《おん》ことわり聴聞《ちょうもん》申《もう》しわけ候《そうろ》ふこと、御開山聖人《ごかいさんしょうにん》（親鸞）御出世《ごしゅっせ》の御恩《ごおん》、次第相承《しだいそうじょう》の善知識《ぜんぢしき》のあさからざる御勧化《ごかんけ》の御恩《ごおん》と、ありがたく存《ぞん》じ候《そうろ》ふ。

と、親鸞聖人や善知識の恩徳を謝すべきことが述べられ、最後に、

このうへは定《さだ》めおかせらるる御掟《おんおきて》、一期《いちご》をかぎりまもりまうすべく候《そうろ》ふ。（同頁）

と、念仏者の生活の心がまえが語られています。ご法座では、お説教のあとに、「御一同にご領解出言《りょうげしゅつごん》」と言って、みんなで「領解文」をいっしょに唱和して、しめくくりとしたものです。

おそらく、蓮如上人が、当時の異安心《いあんじん》（あやまった信心理解）を退けるために、真宗念仏者の正しいあり方をこのように定型化して示されたのでしょう。そしてそれは長い間、真宗教団の教えの枠組みとして重要な意味をもっていました。し

かしそれが現在、大きく揺らいできています。もとよりその場合、根本の「捨自帰他の安心」や「称名念仏は報恩」ということが揺らいできたわけではありません。「信心正因・称名報恩」という宗義は変わりないものですが、「もろもろの雑行雑修自力のこころ」という表現や、「われらが今度の一大事の後生」という表現が、現在の人たちにはわかりにくいものとなっているのです。これは布教伝道にとって非常に大きな問題です。

「自力を捨てて他力に帰す」ということは、実際そういう境地に達するかどうかは別問題として、宗教的なあり方を示すものとしてある程度理解できることですが、しかしその前提となる「雑行雑修自力のこころを捨てる」ということや、「後《ご》生《しょう》の一大事《いちだいじ》」（『御文章』五帖目第十六通、『註釈版聖典』一二〇四頁）ということが、今日の人たちには理解しにくくなってきているのです。それはどういうことなのか、またそこにどういう問題があらわれているのか、そのことについて考えてみましょう。

雑行雑修

「雑行雑修」とは、往生浄土の行業として、正行《しょうぎょう》以外のいろいろな行をも雑多におさめようとすることであり、「自力のこころ」とは、言うまでもなく自分の力で証を得ようとする心です。「領解文」では、そうした行業や自力心によっては浄土往生は達せられないとして、きびしくしりぞけられています。それが、「自力を捨てて他力に帰する」という浄土真宗の教えの根本にかかわることであることは言うまでもありません。

しかし、この迷いの生を捨てて浄土に往生したいという気持ちや、さとりの境地へ到達したいという願いを失ってしまった現代の人間にとっては、そのための行業ということが何か無縁なことのように思われてしまうのではないでしょうか。

また「後生の一大事」とは、この生を終わって後の生涯こそが人間にとっては肝心の問題であるということで、蓮如上人がことに強調されたことですが、その背後には、人間の現実の生はつかのまの夢幻のようなもので執すべきものではなく、その生の後こそ大問題であるという考え方があります。しかし今日では、後生という表現であらわされているような宗教的な世界観・生命観というものがほとんど失われています。昔にも、六道輪廻といった仏教的な生命観を受け入れないということがあったかも知れませんが、少なくとも、死後に対する深い恐れは人びとに共通のものであったと言えましょう。江戸時代までの演劇・講談・物語などは、そうした生命観がバックになっています。そこから、そういう迷いの生を離れて浄土に生まれたいという願いが生じてくるのです。

ところが現在では、そういう願いそのものがなくなってきていると言わなければなりません。自分の最愛の人を亡くすとか、両親などの近親者と死別するというような特別な場合を除いて、ふつうは「死んでしまえばおしまいだ」という考えが一般的です。人間の意識作用は脳が支配していると考えられていますから、脳が働かなくなるとすべてはおしまいというわけです。それでも、自分が死んでしまった後も、新聞はいつもと同様に発行されるだろうし、テレビの連続ドラマは進行していくだろうということを、私たちは確信しています。その意味では、自分の死後にもこの現実の世界は存続すると思っているのです。それはいままで自分が直接見聞した他者の死において経験してきたことで、疑いえないことだというのです。

しかし、肝心の私は死後どうなるのでしょうか。そこには底しれない恐怖があります。その恐怖からのがれるために、天国から見まもっているとか、お墓で永い眠りにつくとか、いろいろな気休めを申します。宗教的な生命観を見失った現代の人間の生命観は、それほど浅薄なものになってしまったのです。

新たな生命観や世界観

このように現代の人間の生命観が浅薄になった背後に、近代の科学的な生命観や世界観が普及してきたという事実があることを見失ってはなりません。科学は実証を尊重します。あらゆる独断・偏見・先入観を退けて、実験と観察に基づいて事物の因果関係を発見し、合理的な推理によって普遍的な法則を発見するということが科学の基礎です。そういう立場からすれば、実証によらない宗教的な生命観や世界観といったものは、考慮に値しないということになるでしょう。しかし本当にそうでしょうか。実証ということがすべてなのでしょうか。もしそうなら、どうして人間は自分の死後もこの世界は存続すると確信しているのでしょうか。

人間が見たり聞いたりできることは限られています。どんなに科学が発展しても、どんなに人間の目が巨視的・微視的世界にとどいたとしても、それはあくまで有限な世界であって、宇宙のすべてにとどくというわけにはいきません。確かに現代の科学は、百五十億光年の彼方まで目をとどかすことができますし、また分子や原子よりも微少な粒子が探求されています。書物やテレビなどで見るそうした遙か彼方の世界、あるいは物質の究極の姿といったものの映像は驚くべきものです。しかしそれでも人間の認識は有限であって、宇宙全体を見通すことはできないということは、いずれ科学そのものの立場から原理的に証明されるのではないでしょうか。

これに対して、宗教的な生命観や世界観というものは、実証によるものではありません。しかも人間が実証によっては達しえない領域について断言的に説きます。それが信用できないといまでは考えられているのですが、先人が宗教的な世界観や生命観で言おうとしたことは、実際に確かめられないことを空想でいろいろイメージをつくるという、ただそれだけのことだったのでしょうか。そこにはもっと深い意味があったのではないでしょうか。

たとえば、仏教でいう地獄・餓鬼・畜生という「三悪道」は、私たちの現実の生に対する深い恐れの表現です。人間のもつ恐ろしさ、とくに人間の執着の恐ろしさというものが、そこには表現されています。個人であっても、集団であっても、現在の世界のあちらこちらで見られる多くの事件を考えるまでもなく、私たちの周囲には互いに傷つけ、そこないあうことが山ほどあります。そういう人間の恐ろしさを、「三悪道」という表現はあらわそうとしているのではないでしょうか。個々の人間の終りに口を開いている底しれない深淵と、何が起こるかわからない現実の生の恐ろしさが結びつく時、そこに業輪廻という考え方も生まれてくるのです。

その事態は、現在でも少しも変わってはいません。いやむしろ昔より一層深刻になったかもしれません。一瞬のうちに何千度という高熱によって何万人という人間が蒸発するというようなことが、昔には想像できたでしょうか。人間世界の不可解さ・不条理さというものは、以前より程度を高めていると言わなければなりません。しかも今日の人間は、そういう事態を前にして、何一つ確かなことを知りえないし、また何一つ頼りにすることのできるものをもたないのです。知識がふえることによって、かえって知りえないことが一層はっきりしてきたとも言えます。人間の知りうること、為しうることは限りがあり、決して人間は全知全能ではないのです。それにもかかわらず、人間は自己の能力の限界に気づかなくなっています。

宗教的表現の象徴性

つまり、宗教的な生命観や世界観を失ったということは、人間の限界がわからなくなったという意味を含んでいるのです。しかしそれだからといって、昔のままの生命観や世界観をとりもどすということはできません。現代の科学的な生命観や世界観と同じレベルで、宗教的な生命観や世界観の真理性を主張しようとするのは無意味なことです。そうではなくて、私たちは、宗教的なものの考え方に含まれる深い意味をあらためて発見しなければなりません。それが宗教的象徴の理解や解釈ということです。宗教的表現は象徴的表現です。それは、事柄を私たちの直接的な把握によって示そうとしているわけではありません。人間の感覚的な把握を超えた世界を象徴的に表現しようとするところに、宗教的表現の特色があります。そういうことを明らかにするのが、教学の仕事ではないでしょうか。

いままで教学は、そういう象徴的表現を解釈するのではなく、あたかもそれが現実であるかのように捉え、説明しようとしてきました。そのために、科学的世界観が普及してきた現代においては説得力をもたなくなってきたのです。宗教的表現の象徴性ということに気づいていた人たちも、それを明確にすることができなかったので、誤解を生むこともあったようです。宗教哲学者たちはそのことを明らかにするためにいろいろ苦心をしたと言ってもよいでしょう。たとえば、「高次の実在性」といった宗教哲学者の表現は宗教的実在の意味をよくあらわしています。

近代化と『歎異抄』

先に「領解文」に述べられていることが現代の人びとには理解しにくくなってきたと申しましたが、そういう事態に応じて登場したのが『歎異抄』ではなかったでしょうか。明治に入ってから、『歎異抄』は次第に浄土真宗において重要な位置を占めるようになってきました。出版が盛んになったために一般に手に入りやすくなったという事情もあって、誰もが『歎異抄』を手にすることができるようになりました。とくに知識層に『歎異抄』が積極的に受け入れられたことは周知のことでしょう。その影響は真宗の僧侶や門信徒以外にも及んでいます。

『歎異抄』は、その前半は親鸞聖人の語録を編集したものであり、聖人の教えを聞くうえで重要な意味をもつことは言うまでもありません。その点で多くの人が『歎異抄』を重視するのは当然のことです。しかし、問題はその受け入れ方にあったと言わなければなりません。『歎異抄』の眼目は、第一条と第二条にあります。第一条では、

弥陀《みだ》の誓願不思議《せいがんふしぎ》にたすけられまゐらせて、往生《おうじょう》をばとぐるなりと信《しん》じて念《ねん》仏申《ぶつもう》さんとおもひたつこころのおこるとき、すなはち摂取不捨《せっしゅふしゃ》の利益《りやく》にあづけしめたまふなり。

（『註釈版聖典』八三一頁）

という言葉によって、親鸞聖人は「信心開発」という聖人にとって根本の事柄を

おっしゃっています。そして第二条では、

親鸞《しんらん》におきては、ただ念仏《ねんぶつ》して、弥陀《みだ》にたすけられまゐらすべしと、よきひと（法然）の仰《おお》せをかぶりて、信《しん》ずるほかに別《べつ》の子細《しさい》なきなり。

（『同』八三二頁）

と、その「信心開発」が起こった事態を語っていらっしゃいます。これらの言葉が親鸞聖人にとってどれほどの重みをもつものかは、聖人の教えを聞く者ならば直ちに知ることができましょう。

しかし、「領解文」や『御文章』を捨てて『歎異抄』を取ったわが国の近代の知識人たちの多くは、「親鸞《しんらん》は弟子《でし》一人《いちにん》ももたず候《そうろ》ふ」（第六条）とか、「念仏申《ねんぶつもう》し候《そうら》へども、踊躍歓喜《ゆやくかんぎ》のこころおろそかに候《そうろ》ふ」（第九条、『註釈版聖典』八三六頁）といった、人間のあり方に重点をおく言葉を中心に『歎異抄』を理解し、そこに親鸞聖人の思想と信仰を見いだそうとしました。しかし、それらの言葉があらわそうとしていることは、「信心開発」のあとに出てくることです。それをぬきにして、ただ人間のありのままを肯定しようとするための言葉ではありません。

「高次の実在性」の次元

知識人だけのことならば、どのような理解でも自由であり、それを退けることはできません。しかしそれが教学にまで影響をもたらすということになれば、座視することはできなくなります。宗教は単なるヒューマニズム、すなわち人間のありのままを無条件に肯定する人間至上主義ではありません。むしろありのままの人間のあり方を根本的に否定し、そこに、より高次の人間のあり方を開こうとするところに宗教の宗教たる所以があります。そういうことが見失なわれようとしているところに、現代の布教伝道の危機があるのではないでしょうか。

親鸞聖人は、決して人間のありのままを無条件に肯定しようとされた方ではありません。むしろ徹底的に人間のはからいを否定し、そこに如来からさしむけられたはたらきを仰がれた方です。そのことは、お書きになった「御消息」などの随所に示されています。

行者《ぎょうじゃ》のはからひにあらず。

（『正像末和讃』、『註釈版聖典』六二一頁）

往生《おうじょう》の金剛心《こんごうしん》のおこることは、仏《ぶつ》の御《おん》はからひよりおこりて候《そうら》へば

（『親鸞聖人御消息』第二通、『註釈版聖典』七四一頁）

この信心《しんじん》をうることは、釈迦《しゃか》・弥陀《みだ》・十方諸仏《じっぽうしょぶつ》の御方便《ごほうべん》よりたまはりたるとしるべし。

（『親鸞聖人御消息』第六通、『註釈版聖典』七四八頁）

このようにおっしゃっているのは、自分の判断や努力で生死を超えるというの

ではなくて、如来よりまわし向けられた信心を獲ることによって、迷いの境涯を超えることができるのだということを言おうとされているのです。それはそのまま、人間を超える力に乗托するということにほかなりません。

教学の伝統性と応答性

教学は、信心を獲ることによって迷いの境涯を超えることを明らかにしなければなりません。また、教学とは教団の依って立つ指導理念を明らかにするものです。決して研究者個人のかってな意見や憶測を述べ立てるものではありません。個人の意見を述べたければ、教団を離れたところで論じるべきで、教団の一員としてすべきではありません。それが教学（学問的には神学）というものの特色です。それでは学問ではないと考える人があるかもしれませんが、それが教学というものの独自性であることを知らなければなりません。それではそれぞれの研究者の創造性はどこにあるのかと言えば、それは、教学のもつ二つの面に即して考えられます。

教学のもつ二面とは、伝統性ということと応答性ということです。伝統性というのは、その教団が保持してきた歴史的伝統という側面です。どんな教えでも、突然いま始まったというものではありません。必ず歴史的に継承してきたものがあります。仏教の場合ならば、釈尊以来の教えの伝承です。釈尊にもインド古来の思想的伝承が受け伝えられているのでしょう。キリスト教の場合なら、イエス以前のユダヤ教の伝承であり、またイエス以後の神学の伝統です。私たちの伝統の源は親鸞聖人の教えですが、聖人は三経《さんぎょう》七祖《しちそ》という浄土教の伝統を継承されています。そういう歴史的な伝統というものを尊重し、その歩みを正しく跡づけなければなりません。それが教学の一つの使命であり、それを果たすことが教学を研究する者の責務とも言えましょう。

同時に教学は現実の世界からのいろいろな問いかけに応えなければなりません。それをなしえなければ、教学は過去の教説の繰り返しになってしまいます。いつの時代にも、その時代固有の課題があり、それに対する応答を要求しています。それが十分にできなければ、教団の保持する宗教的真理は失われてしまうということになるでしょう。

　教学を学ぶ者は、この二つの面についての正しい理解がもとめられます。そしてそれを可能にするのは、教団の保持してきた宗教的真理についての研究者の参与です。参与というのは、直接的・体験的な参加ということです。

　宗教的真理は、他の学問的真理のように客観的に示されるものではありません。どんなにくわしく文書で示されていても、その表現を超えるところがあります。言亡慮絶《ごんもうりょぜつ》と申しますが、言葉をもって言葉を超えるというところが必ずあります。それを会得するには直接的な会得によるしかありません。強《し》いて言えば、それは芸術的な表現に近いところがあるのです。芸術的な関心のない者に作品が本当に理解できないのと同様に、宗教的関心をもたない者がどれほど宗教についての知識を得たとしても、宗教的真理そのものに達することはできません。しかし、そういうことが教学の本質を形成しているということが、現在では理解されなくなってきているのです。

それはどういうことなのか、別な角度から考えてみましょう。たとえば、歴史学は人文系あるいは社会系の科学です。それは実証的な方法に基づいて研究されます。宗教の歴史を研究する宗教史学についても同様ですが、実証的に明らかにされた事実については解釈という問題が起こってきます。解釈ということについて、歴史学も教学と接するところがあるのですが、そのことはここでは触れないでおきましょう。それはともかくとして、歴史学を研究するには、かならずしも宗教的関心は必要ではありません。歴史的事実についての興味があれば、誰でもその研究はできるのです。その点において歴史学と教学は一線を画するところがあります。具体的に言えば、親鸞聖人をめぐる歴史的事実に興味があれば、歴史学的に研究することができますが、それは浄土真宗の教学ではありません。教学の研究をするためには、親鸞聖人と同じ信心の世界に入らなければなりません。

言い換えれば、「信心をよろこぶ身」でなければなりません。そういう当然のことが、現在では当然でなくなっているところがあります。それが現在の教学のあり方に深くかかわっているのです。

教学の本質と使命 ― 如来回向の信心

教学の出発点―宗教的関心

歴史的事実を実証的に研究する者が歴史学者になるように、真宗の教えを知識として実証的に研究する者がそのまま真宗学者になるわけではありません。しかし、現在のわが国の学制は、知識を学ぶ研究者を養成するようになっていますから、一般に教学もそういうものだと誤解されています。

教学を研究する者は、何よりもまず親鸞聖人の教えに参与するということがなければなりません。いままでの言い方をすれば、「信心をよろこぶ身」でなければなりません。そうでなければ、聖人の教えについて知識をもつということだけになってしまいます。そういうことでは、伝統性と応答性という二面にわたる教学の使命を果たすことはできません。現代の教学の混乱は、そういう自明のことが明らかでなくなったことに起因するのであり、それはやはり近代の学問のあり方から派生しているのです。教学も他の学問と同じだという誤解から、教学の本質が見失われてきたのではないでしょうか。

繰り返して申しますが、教学は一般に神学がそうであるように、信仰の学問です。キリスト教神学について「キリスト教神学は、イエス・キリストにおける啓《けい》示《じ》の真理を積極的に認める信仰のうえに立つ学問」といわれるのと同じように、浄土真宗の教学は、「親鸞聖人の示された本願の名号に信順し念仏して浄土往生の身にしていただくという教えのうえに成立する学問」です。そういう宗教的真理は、他の学問的真理のように学んで理解するというものではありません。そこにはどうしても宗教的関心というものが求められるのであり、それなしには親鸞聖人の教えには参与できないと言ってよいでしょう。

宗教的関心は一面では普遍的なものですが、同時に誰にでもあるというものでもありません。現に世界には宗教的真理を否定する立場の人も多くあり、それなしに生きている人もいる以上、どこでも、誰にでもみられるということはできません。そういう関心なしに、知識として宗教的真理を学ぶということになれば、どうなるでしょうか。そこには自分勝手な独断的見解以外にはなくなってしまうのではないでしょうか。

浄土真宗は、そういう宗教的関心（真宗の立場からは、それも如来の御《おん》もよおしによって起こるとされるのですが）を基礎として開発した「信心」から出発します。親鸞聖人は「生死出づべき道」を求めて法然聖人にお遇いになり、その導きによって念仏の信心を獲得されたのであり、その教えはその事実を根本的な前提としています。それゆえに、本願力回向の信心をよろこぶ身になって、初めて親鸞聖人の教えを学ぶということもできるのです。学んでいるうちにだんだん信心をよろこぶ身になるということではありません。信心をよろこぶ身になることがなければ、聖人の教えを学んでも、それは聞いて知ったということにすぎないのです。足利義山先生はこうおっしゃっています。

まア学者気分は捨ててしもうて、イロハも知らぬ愚夫愚婦《ぐふぐふ》に成りさがってしまいなさいや、そうすると夜があけて来ますぞ　（『草かご』二二七頁）

この「夜があける」ということこそが、「信心開発」ということにほかなりません。それが教学の出発点です。その教学の出発点を曖昧《あいまい》にしたままで、かってな解釈や理解を言い立てるならば、それは独断であり私見にすぎないということになります。

他の学問に対して教学の特色がどこにあるかということを申しましたが、それではそうした教学が現在、どういう課題をもっているのでしょうか。それはとくに現代という時代からの問いかけに対する応答ということにかかわっています。

蓮如上人の「後生の一大事」

現在の教学の大きな問題は、それが現代という時代からの問いかけに十分応えていないということにあります。それは、たとえば生命倫理とか環境問題というような現代固有の問題に、教学の立場から積極的に発言しないということだけではありません。そういったことも重要な問題ですが、それよりももっと大きな問題は、教学が現代の人間が潜在的にもっている宗教的関心に応え得ていないということです。「潜在的に」と言ったのは、今日の人間のもつ宗教的関心は、昔のようには表現されません。それは、先に言ったように、精神的状況が以前とは異なっているからです。いまはもう「後生の一大事」というようには表現されません。しかし「死への不安」ということで、依然として多くの人びとの宗教的関心は存在しています。そういう関心に現在の教学は応ええなくなってきているのです。それは、教学自身が自らの本質を見失い、それと同時にその使命を見失ったからではないでしょうか。

それはどういうことでしょうか。具体的な例をあげて申しましょう。『蓮如上人御一代記聞書《ききがき》』第七十二条には、こういうことが記されています。蓮如上人はこうおっしゃいました。

堺《さかい》の日向屋《ひゅうがや》は三十万貫《さんじゅうまんがん》を持《も》ちたれども、死《し》にたるが仏《ぶつ》には成《な》り候《そうろ》ふまじ。大和《やまと》の了妙《りょうみょう》は帷《かたびら》（ひとえもの）一《ひと》つをも着《き》かね候《そうら》へども、このたび仏《ぶつ》に成《な》るべきよ（『註釈版聖典』一二五四頁、括弧内引用者）

（堺の日向屋は三十万貫もの財産を持っていたが、仏法を信じることなく一生を終えたので、仏にはなっていないであろう。大和の了妙は粗末な衣一つ着ることができないでいるが、このたび仏となるに違いない『蓮如上人御一代記聞書（現代語版）』五二頁）

これを読んで現代の人はどう思うのでしょうか。蓮如上人のおっしゃったことがもっともだと思うよりも、蓮如上人にはどうしてこんなことが言えるのだろうかと思うのではないでしょうか。

蓮如上人は、富貴《ふうき》や身分の高下といったことよりももっと大切なことがあると考えていらっしゃいます。そして阿弥陀さまから与えられた信心をよろこぶ人と、そうでない人とは違うということもおわかりになっています。そこからこういう言葉も出てくるのです。今日の人間は信心をよろこぶといっても、そういう境地があることを十分に理解しません。せいぜい理解できるのは、信心というものは、財産や身分には関係ないことだということぐらいでしょう。信心の有無によって、仏になる、ならないということが決定するなどということは、とても理解できないのです。そういうことをおっしゃる蓮如上人はどういう人なのだと、上人のことまで批判しかねません。

しかし、もし蓮如上人のこの言葉を、本当の信心を得なければ、私たちはこの世でどんなに幸せな生活をしていても、それは何の意味もないのだ、信心をよろこぶ身になれば、どういう生活をしていても、そこには本当のよろこびというものがあるのだ、というように理解するならば、それは宗教的に深い意味をもつものとなります。

蓮如上人は、現代の多くの知識人のように単なるヒューマニズムの立場に立っていらっしゃるのではありません。本当の念仏者として、人間はどういう存在であるかということをよく承知されています。そういう人間が、信心をよろこぶことによってよみがえるということもよくご存知だったのです。そこから親鸞聖人の教えが、人間のあり方をそのまま肯定するようなヒューマニズムではないことも、よく知っていらっしゃったのです。

キルケゴールの『死に至る病』

デンマークの宗教哲学者であるキルケゴールは、『死に至る病』という著作の中でこういうことをいっています。

もしいつか人生の砂時計がおわるとしたら、そしてこの世のさわぎが静まり、君の周囲のすべてのものが静まりかえるとしたら、その時には、君が男であったか女であったか、金持ちであったか貧乏であったか、人に使われていたか独立していたか、幸福であったか不幸であったか、そんなことはどうでもいい。君が身分高く王冠をいただいていたか平凡な人間としてその日その日をくらしていたか、君の名前が人びとの記憶に残ったかそれとも群衆の中のひとりとして埋もれていたか、そんなことはどうでもいい。永遠が君に向かって問うのは、ただ一つのことである。君は絶望して生きていたかどうか。もし君が絶望して生きていたら、たといその他のことで君が何を得何を失ったとしても、君にはすべてが失われたのだ。永遠は君を知らないという。

（四二～四三頁、岩波文庫、取意）

蓮如上人のおっしゃりたいことは、キルケゴールが『死に至る病』の中でいっていることとそれほど異なってはいません。

キルケゴールが『死に至る病』でいう「絶望」とは、信仰と反対のことで、人間が自分自身の根拠を絶対的なもののうちに見いださないということです。「永遠」とは、キリスト教では神のことと言ってよいでしょう。従って、本当の信仰をもたないかぎり人間はこの世でどんなにめぐまれた生活をしていても、それは絶望以外の何ものでもないとキルケゴールはいっているのです。信仰ということを徹底して追究したキルケゴールは、信仰とは人間の自己主張を捨てて全面的に神の意志にまかせることだと考えていたようです。そういう意味で、どこか浄土真宗の教えと通じるところがあります。

仏教では「仏になる」ということは生死輪廻を超えるということであり、それゆえに、蓮如上人は、いくらお金をもっていても信心をよろこぶ身にならなければ、生死輪廻を超えることはできないとおっしゃっているのです。

『死に至る病』という本は、戦後のある時期にはよく読まれました。実存哲学という思想が流行して、若い人たちはわかってもわからなくても、実存、実存と言っていたものです。しかし『死に至る病』という書物が、実は現代におけるキリスト教の信仰を問題にしているということは、十分理解されなかったようです。キルケゴールは現代人のあり方を「絶望」という概念によって捉え、そこからあらためてキリスト教の信仰ということの意味を明らかにしようとしたのですが、そういう意図は必ずしも理解されなかったと言ってよいでしょう。

ご法義と信心

それはともかく、蓮如上人のお言葉の意味も十分理解されているとは言えません。それは、「仏になる」ということが現代の人間にはアピールしなくなったからです。仏教を学ぶ者は、「仏になる」ということの意味を現代の人間にも理解できるように解明しなければなりません。「仏になる」ということなしには人間は生死の迷いを根本的に超ええないのだということを、人びとに伝えることができなければ、仏教が現代に生きる道はありません。それと同時に、浄土真宗の教学は、修行もせず煩悩をやめることもできない私たちが生死の迷いを超えることがいかにして可能か、ということを説明しなければなりません。そのためには、私自身が生死の迷いを離れる身になっていなければなりません。堺の日向屋ではなく、大和の了妙であって初めて、生死輪廻を超えるということはどういうことか、いかにしてそれが可能かを、人びとに伝えることができるのではないでしょうか。

教学の伝統性ということと応答性ということ、さらには私自身が宗教的真理を生きているということはそういうことです。このように、教学の本質と使命を明らかにすることがあらためて求められるのは、「教団の今日的課題」でも申しましたように、今日の一般の精神状況が大きく変化しているということがあるからです。以前には高座からのお説教が門信徒に受け入れられたのは、教えに権威というものがあったからです。そのことをよくあらわしているのが、柳宗悦《やなぎむねよし》（一八八九—一九六一）の指摘です。

柳は、真宗の説教はキリスト教のプロテスタントの説教と違って、納得する理屈を聞きにいくのではなく、感動しにいくのだ、法悦《ほうえつ》にひたりにいくのだ、といっています。プロテスタントの牧師は、よく勉強して知識も豊富であり、また自分の宗教的経験や信仰にもとづいて説教をする。それを聞いて信者たちは納得し、信仰に導かれる。しかし真宗の信者たちは、説教をする人の信仰がどうあろうと、それは問題ではない。説かれていることが正しい法義であれば、それで十分である。同じことを繰り返していても少しもかまわない。説教者の品定めをするのではなく、教えに感動するのが真宗の説教の特色だ、というのです。（寿岳文章《じゅがくぶんしょう》編『柳宗悦　妙好人論集』岩波文庫、参照）

しかし、現代ではそういうあり方が大きく変化しています。高座の説教から椅子席での法話へという変化は、そのことを端的にあらわしているのではないでしょうか。高座からの説教では教えが法義に適っていればよいのであって、説教者の信心がどうあろうと問題ではない、と柳さんはおっしゃいます。しかし法話では、講師が本当に信心をよろこぶ身であるかどうかが問われます。言い換えれば、講師が教えを自分のものとしているかどうかが問われるのです。法話は仏徳讃歎であるといっても、本当にいつわりなく仏徳を讃歎しているかどうかが問われるということになります。それが現代の法を説く者のおかれている状況ではないでしょうか。そういう意味で「信心をよろこぶ」ということが基礎だと言ったのです。「信心をよろこぶ」ことと「ご法義をよろこぶ」こととは、同じではありません。「ご法義をよろこぶ」というのは、どこか自分を離れた教えを讃歎するところがあります。「ご法義」を我が身ひとりにいただいてこそ「信心をよろこぶ身」となるのです。親鸞聖人の「御消息」などには「信心よろこぶ」という表現はありますが、「ご法義をよろこぶ」という表現はありません。「ご法義」は「大切にする」とか「尊ぶ」というのが、本当ではないでしょうか。

宗教的関心と信心開発

先に宗教的関心ということを申しましたが、厳密に言えば、「信心をよろこぶ」

ことと宗教的関心とは違います。しかし、宗教的関心なしには信心をよろこぶという境地も開かれてはきません。その意味では、宗教的関心は信心開発の前提と言ってよいでしょう。そういう関心なしに信心開発という境地が成立するように思う誤解は、避けなければなりません。親鸞聖人は、「生死出づべき道」を求めて六角堂に参籠なさったのです。そのことが見失われてはなりません。それは、念仏の教えが他力門であり、自力の菩提心を否定するということとは別問題です。

親鸞聖人は本願力回向の信心によみがえられて、その信心こそ真の菩提心だと受けとられたのです。菩提心を否定するとして『選択集《せんじゃくしゅう》』を批判した、明恵《みょうえ》上人（一一七三―一二三二）の『摧邪輪《ざいじゃりん》』に対する応答として、親鸞聖人は本当の菩提心は如来からさしむけられた信心以外にはないのだということを、明らかにされたのではないでしょうか。そのことにめざめる前提として、「生死出づべき道」を求める燃えるような求道心があったのであり、それなしには、「いづれの行もおよびがたき」（『歎異抄』第二条）という自覚は生まれてきません。

現代では、宗教は教養になってしまい、真面目に宗教的関心を問題にすることはなくなってしまっています。そういう宗教理解に対する反発として、若い人たちがオカルト、すなわち超自然的現象を言い立てる疑似宗教に興味をもつということがあるのではないでしょうか。オカルトは本当の宗教ではありません。なぜなら、オカルトは一人ひとりの人を本当のめざめに導かないからです。

教学が現代の社会状況や人間の意識に合わなくなっているからといって、私は現在の学制や僧侶養成のシステムを否定するわけではありません。それは先に言った、講演形式の法話をやめて高座の説教にもどすということと同様に、非現実的なことです。そうではなくて、教学というものの本質は、あくまで宗教的関心に基づいた「信心をよろこぶ」ということを出発点とするということを、あらためて確認することがなければなりません。ここでは、このことが曖昧になっているところに、現代の教学の混乱の原因があることを言おうとしているのです。それは昔の宗学者にとっては自明のことでしたが、現在では自明でなくなっているのではないでしょうか。

三業惑乱以後

現在の浄土真宗の教学は、江戸時代の教学研究を基礎としていると考えられますが、それは、江戸時代の寺檀制度《じだんせいど》を背景として成立した学事制度に依拠《いきょ》して展開したと言ってよいでしょう。それがとくに発達するのは、浄土真宗本願寺派においては三業惑乱《さんごうわくらん》前後ではないかと思われます。

三業惑乱は、能化《のうけ》・功存《こうぞん》（一七二〇―一七九六）の『願生帰命弁《がんしょうきみょうべん》』を発端とする紛争ですが、その源は、やはり「信心決定」をどう捉えるかということにあったようです。功存は、元来越前の「無帰命安心」という異義を退けるのに功があったとされますが、それはまさに「信心決定」にかかわる問題です。先にも申しましたが、「信心決定」は親鸞聖人ご自身の宗教的経験に基づくもので、それ自身、表現を超えるところがあります。しかもそれが浄土真宗の教えの根本に関係することですから、聖人の教えに従う者は、何とかして人びとにそれを伝えなければなりません。「後生《ごしょう》助《たす》けたまへと弥陀《みだ》をたのめ」(『蓮如上人御一代記聞書』第百八十五通、『註釈版聖典』一一八九頁)という蓮如上人のお言葉は、それを伝えるための上人のご苦心の結果と言ってよいでしょう。しかしその「たのむ」というお言葉を、日常的なレベルで理解しようとすると、そこに身口意《しんくい》の三業をあげて依存することをあらわすということになってしまいます。身で合掌礼拝し、口で南無阿弥陀仏と称え、心で助けたまえと思うという帰依の態度をとることが、「たのむ」ということだという理解は、ごくわかりやすい理解です。そういう理解に対して、本願力に依存するとはそういうことではない、徹底的に自己を捨てて仏の力に乗托することだ、という反対が出てくるのは教義理解としては当然であり、そこに教団全体をゆるがすような紛争が生じたわけです。

後の論題研究の重要な問題として、「三心一心」とか「三心即一」といったテーマがあげられるのは、願生帰命ではなくて信楽帰命であるということを明らかにするためですが、それには三業惑乱に深く関わっています。三業惑乱は、結果的には、当時の政治権力の介入によって一応の解決がはかられましたが、だからといって「己を捨てて弥陀をたのむ」ということの理解の困難さがなくなったわけではありません。それは言葉を超えた宗教的経験に属することですから、どれほど表現を工夫しても同じことです。そこに、三業惑乱以後、なるべくその表現をわかったこととして触れないという態度が生まれてきたのではないでしょうか。

「信心決定」の困難さ

「信心決定」ということは一人ひとりにとって決定的であり重大なことですが、たとえば信仰告白といった行為によって他の人に公認されなければならないというものではありません。それは、『歎異抄』第一条にあるように、

弥陀《みだ》の誓願不思議《せいがんふしぎ》にたすけられまゐらせて、往生《おうじょう》をばとぐるなりと信《しん》じて念《ねん》

仏申《ぶつもう》さんとおもひたつこころのおこるとき
（『註釈版聖点』八三二頁）

に成就することであり、また同じく『歎異抄』第十六条に、

日《ひ》ごろ本願他力真宗《ほんがんたりきしんしゅう》をしらざるひと、弥陀《みだ》の智慧《ちえ》をたまはりて、日《ひ》ごろのこころにては往生《おうじょう》かなふべからずとおもひて、もとのこころをひきかへて、本《ほん》願《がん》をたのみまゐらする
（『同』八四八頁）

と語られていることでもあります。

しかし、小さい時から信心を篤《あつ》くよろこんでいる父母や祖父母に育てられるとか、寺院に生まれて早くから宗教的雰囲気に親しんでいる人たちにとっては、「もとのこころをひきかへて」というような心をひるがえす経験が、かえって困難だということも考えられます。また日頃、門信徒と親しく接し、法事や葬儀を行

わなければならない住職にとって、人びとに心のひるがえりを迫るような意味をもつ「信心決定」をいうことは、なるべく避けて通りたいという気持ちもあるかもしれません。教団が大きくなり、その組織に属する人が増えるに従って、「信心決定」ということにはなるべく触れない、それは当然のこととしてとりたてて問題にしないという風潮が生まれてくることも、理解できないことではありません。『蓮如上人御一代記聞書』などを見ると、蓮如上人は、あれだけ「信心を定める」ことをお説きになったにもかかわらず、

心中《しんちゅう》をあらためんとまでは思《おも》ふ人《ひと》はあれども、信《しん》をとらんと思《おも》ふ人《ひと》はなきなり

（第百七十五通、『註釈版聖典』一二八六頁）

と歎いていらっしゃいます。またご病気の時に、自分の思い立ったことでできないことはなかったが、

人《ひと》の信《しん》なきことばかり（思うようにならず）かなしく御《おん》なげきは思《おぼ》し召《め》しのよし

（『蓮如上人御一代記聞書』第百六十三条、『註釈版聖典』一二八二頁、括弧内引用者）

と、人びとが信心を得ることは思うようにならず悲しく思われたとか、あるいはやはりご病気の時に、何も思いのこすことはないが、

ただ（ご子息たちの）御兄弟《ごきょうだい》のうち、その外《ほか》たれにも信《しん》のなきをかなしく思《おぼ》し召《め》し候《そうろ》ふ。

（第二百十一通、『同』一二九九頁、括弧内引用者）

と思われたということが記されています。それほど「信心決定」ということは容易でないことです。

浄土系の他の宗派のように、お念仏を称えていれば信心も固まるというような

教えではなく、「信心《しんじん》をもつて本《ほん》」（『御文章』第十通、『註釈版聖典』一一九六頁）とされる浄土真宗の教えであればこそ、その「信心決定」の難しさということは大きな問題です。しかし教団、ないしは寺院を維持するということになりますと、その問題にできるだけ触れないということが無難だということになります。ご門徒に教えを伝えるにも、ご法義を伝えればよいのであって、住職自身がどう受け止めるかは問題ではない、またご門徒がどう受け止めるかは、ご門徒にまかせておけばよいことだということになります。それが他力の法門の特色だというわけです。

しかし浄土真宗にとって、「信心決定」が根本であることは動かし難いことです。「信心正因・称名報恩」が浄土真宗のご法義です。その教えを開示することによって、親鸞聖人は浄土の教えを仏教の流れの中に正しく位置づけされた（「誓願一仏乗」）のであり、また信ということの宗教的意味を明らかにされた（信《しん》は道《どう》の元《もと》とす、功徳《くどく》の母《はは》なり。「信巻」『註釈版聖典』二三八頁）のです。「信心決定」がどれほど困難であり、「信心をよろこぶ身」になる人がどれほど少なくても、浄土真宗は「信心決定」が根本であることを見失ってはなりません。それに今日では、僧侶が自らの説く教えの内容にインディファレント(無関与)であるということではすまなくなってきているのです。そこに現代の僧侶たちの悩みもあります。

教学に関わる自覚

そこで、僧侶はどうすればよいのかということになりますが、私はこの際、教学の本質と使命をもう一度考えてみる必要があるのではないかと思います。浄土真宗の教学は、親鸞聖人の示された教えを承けて、それを現代の人びとに伝えることを根本の使命とします。その教えの中心は、如来回向の信心を獲得して念仏を称えることにあります。浄土真宗の教えが人間にとってどういう意味をもつのか、信心を獲得することはどういうことなのかということを明らかにすることがなければ、教学の存在理由はありませんし、また布教伝道の意味もありません。

親鸞聖人の教えの眼目は、如来回向の信心を獲得して念仏することにある、それをぬきにしては聖人の教えはないということを、聖人の教えを仰ぐ人のすべてがあらためて確認すべきであると私は思います。そのうえで、自分がそういう境地に至っていない場合は、一聞法者《いちもんぼうしゃ》として教えを真剣に聴聞するしかないと思うのです。「全員伝道・全員聞法」といわれるにもかかわらず、近頃は僧侶が聴聞する様子をあまり見かけません。僧侶は最初から伝道の専門家ではありません。僧侶自身が真剣な聞法によって「信心をよろこぶ身」になり、「信心をよろこぶ身」になって初めて伝道者になるのです。僧侶はあらためて聞法者であることを自覚すべきではないでしょうか。

言うまでもなく、浄土真宗には本来僧俗の区別はありませんでした。教団形成の過程で寺院や僧侶が成立したことは、歴史の教えるところです。そういうことを考えると、どうしても避けなければならないことは、僧侶がその点を曖昧にして、それぞれ勝手な解釈をすることです。「信心なんてあるかないかわからないものだ」と言ってみたり、「自分の罪悪深重にふと気がつくのが信心だ」とか、そんなことは親鸞聖人も蓮如上人もおっしゃっていません。

教学に関わる者が「信心決定」ということについて明確な認識をもたないで、どうして浄土真宗の一員ということができるのでしょうか。「お念仏さえ申していたらいい」というのなら、浄土系の他の宗派とどこが違うのでしょうか。鈴木大拙先生がおっしゃったように、他力が全面的にはたらくといっても、その他力が私たちの内にはたらいていることを、私たち自身が自覚しなければなりません。自覚という言葉が不適切ならば、めざめると言ってもよいでしょう。そのめざめこそが「信心」にほかならないのです。どんなに大きなはたらきが加えられていても、私たちがそのはたらきにめざめなければ、それは私たちの頭の上を素通りしてしまいます。

身についた教え

昔、大学の海外研修でドイツのマールブルクという町にいた時、こういうことがありました。

キリスト教の影響力がヨーロッパでも衰退しているといわれるので、その様子を見ようと、私も教会の行事にできるだけ参加していたのですが、ある日、エリザベート教会という由緒のある教会のミサに出席しました。ふと見ると、いかにもドイツ人らしい紳士が参詣されています。ドイツの人は一般に体格もよいし姿勢も正しいのですが、その方はとくにしゃんとした背の高い人でした。説教壇では年輩の牧師さんが話をされていました。

はじめの間は頭をまっすぐにして聞いていらっしゃったその紳士が、牧師の話が進むにつれてだんだん頭をたれ、最後にはまことに敬虔《けいけん》な様子でお説教を聴聞されていました。私は異教徒ながら、その様子に深く感動をいたしました。ドイツ語はよくわかりませんでしたが、牧師さんの説教がその紳士の心を揺り動かしたのです。牧師さんの話は静かな話でしたが、その信仰が人の心を打つものだったのです。私はその時、説教というものはこういうものでなければならないと思いました。自分の身についていないことで、どうして人を動かすことができるでしょうか。

それと比較するわけではありませんが、近世江戸時代、浄土真宗の土壌から生まれた伝道方法に節談説教があります。この伝道方法に対しては、近代化の中で、封建的価値を受け継ぐものとして批判がなされてきました。

先にも申しましたが、柳宗悦はこういうことをいっています。

真宗の説教は、話が高潮してくると、いつも韻律《いんりつ》をおびて来て、節付けになることである。(中略)真宗の説教場は、ただ納得する理屈を冷静に聞きに行く場所ではなく、其《そ》の説教節に自らも乗り、感動し感謝し、深く宗教的情緒に浸りに行く場所なのである。

（「真宗の説教」、『柳宗悦　妙好人論集』八三〜八四頁、岩波文庫）

節談説教では、布教使は美辞麗句《びじれいく》を用い、独特の抑揚《よくよう》をつけて話をします。柳はその韻律に聴衆は酔うといっていますが、その話の中身には誇張が多く、現在の歴史的研究からみれば正しくないと考えられることも多いのです。

なぜ節談説教は現代人に受け入れられなくなったのか。それは近代の教育制度の普及によって、一般の人びとの知的レベルが向上したからです。端的に言えば、現代においては「一文不知《いちもんふち》の尼入道《あまにゅうどう》」（『御文章』五帖目第二通、一一九〇頁）はいないと言ってよいでしょう。そのように、聞法者の知的レベルが大きく変わっているのに、昔どおりの布教伝道が通用するように考えるのは問題であると言わざるをえません。布教伝道は落語・講談ではありません。語る内容は、興味本位の架空の物語ではなく、意味をもった比喩でなければなりません。そこでは、人生に対する真摯な態度が基礎でなければならず、語られる教えによって、聞く人の生きることの苦悩の解決が求められているのです。聞法者の理解を超えた特別な術語を用いたり、定型的な言い回しをすることが、何か深淵なことを語っていると考えることはやめなければなりません。そうでなければ浄土真宗の布教伝道というものは成立しなくなります。

まづ信心をよく決定して

蓮如上人は門信徒の言葉をよく聞いて、それに的確にお答えになっています。たとえば、『蓮如上人御一代記聞書』第四通には「念声是一《ねんしょうぜいち》」ということについて、

おもひ内《うち》にあればいろ外《ほか》にあらはるるとあり。されば信《しん》をえたる体《たい》はすなはち南無阿弥陀仏《なもあみだぶつ》なりとこころうれば、口《くち》も心《こころ》もひとつなり。

（『註釈版聖典』一二三二～一二三三頁）

と説かれています。「念声是一」という浄土の教えの特有の語について、「思いが内にあれば態度にあらわれる」という平易な言葉によって、そのことの意味を明らかにされているのです。それは、信心獲得すれば自ずから称名念仏が出てくるということで、口と心は一つだとおっしゃっているのです。

柳は、同じ書物の中で、浄土真宗の僧侶についての痛烈な批判をしています。

今の真宗は、信者の真宗といってもよい。（中略）僧侶《そうりょ》の内容はいたく下っているのが現状である。結局は宗教的人材に乏しいのであろう。信仰に徹している人は乏しく、ただ職業的に坊さんになっている場合の方が多い。（中略）坊さんたちの安泰な暮しを見ると、冥加《みょうが》に余るという感じを受ける。これで信仰に振るい立たずば、信徒に申訳ない次第である。（中略）信心に精進《しょうじん》もせぬ坊さんがどんなに沢山あることか。（中略）大体、宗祖親鸞聖人《しんらんしょうにん》の宗教家としての特色は、自ら標榜した如く、「非僧非俗《ひそうひぞく》」たることにあろう。（中略）しかるに今の真宗には僧侶があって、その位置を貪《むさぼ》る。これが一つの矛盾であるのみならず、その上に僧としての資格を示し得ないなら二重の矛盾があろう。その多くは「僧であって、しかも俗」なのである。肉食妻帯《にくじきさいたい》は俗であり、法衣法位《ほうえほうい》は僧である。ちょっと考えると「非僧非俗」と「僧而俗」とは似ているようであるが、そうではない、後者は僧のくせに俗なのである。俗のくせに僧たるのである。それは「非僧非俗」とは全く違う。実際には非僧を真《ま》似《ね》て肉食妻帯し非俗を真似て僧位についているに過ぎない。（中略）宗祖の「非僧非俗」とどんなに立場が違うことか。この明らかな撞着《どうちゃく》を、今の真宗は何と解するのであろうか。

（「真宗素描」、『柳宗悦　妙好人論集』四四～五五頁、岩波文庫）

柳のいうことが全面的に正しいわけではありませんし、現代の多くの真宗の僧侶の深い悩みを思う時、この意見のすべてに賛成するわけにはいきません。しかしこういう考えをおもちの方が多いこと、しかも親鸞聖人の教えに帰依される方に多いことを、私たちは謙虚に受け止めなければなりません。

蓮如上人も『御文章』に、僧侶に対する厳しい言葉を記されています。たとえば、一帖目第一通には、

ちかごろは大坊主分《だいぼうずぶん》の人《ひと》も、われは一流《いちりゅう》の安心《あんじん》の次第《しだい》をもしらず、たまたま弟子《でし》のなかに信心《しんじん》の沙汰《さた》する在所《ざいしょ》へゆきて聴聞《ちょうもん》し候《そうろ》ふ人《ひと》をば、ことのほか切諫《せっかん》をくはへ候《そうら》ひて、あるいはなかをたがひなんどせられ候《そうろ》ふあひだ、坊主《ぼうず》もしかしかと信心《しんじん》の一理《いちり》をも聴聞《ちょうもん》せず、また弟子《でし》をばかやうにあひささへ候《そうろ》ふあひだ、われも信心決定《しんじんけつじょう》せず、弟子《でし》も信心決定《しんじんけつじょう》せずして、一生《いっしょう》はむなしくすぎゆくやうに候《そうろ》ふこと、まことに自損損他《じそんそんた》のとが、のがれがたく候《そうろ》ふ。

（『註釈版聖典』一〇八四頁）

といわれています。こういうお言葉を私たちはどのように考えるべきなのでしょうか。現代の教団が直面している事態を最も厳しく受け止めなければならないのは、私たち僧侶ではないでしょうか。蓮如上人はこうもおっしゃっています。

教化《きょうけ》するひと、まづ信心《しんじん》をよく決定《けつじょう》して、そのうへにて聖教《しょうぎょう》をよみかたらば、きくひとも信《しん》をとるべし。

（『蓮如上人御一代記聞書』第十四通、『註釈版聖典』一二三六頁）

現代における教学の課題は、何よりもまず多くの僧侶の信心決定にあると言ってよいでしょう。

最近もう一つ気づかされたことがありました。真宗教団において僧侶に信心決定の大切さを教えてくださるのは、篤信のご門徒だということです。篤信の僧侶がご門徒を育て、またそのご門徒が僧侶を育てるという関係が浄土真宗にはあるのです。鈴木大拙先生や柳宗悦さんの妙好人の研究で、私が少しあきたりなく思ったのは、妙好人を育てた篤信の僧侶のことがほとんど記されていなかったことでした。具体的に言えば、妙好人浅原才市《さいち》（一八五〇―一九三二）を育てたのは、梅田謙敬《けんきょう》（一八六九―一九三八）という学僧でした。梅田さんは「信心をよろこぶ」学僧でした。そういう関係があることを忘れてはなりません。

僧侶は、篤信の門徒のご催促を聞き漏らしてはなりません。それが真宗教団のいのちだと言ってもよいかもしれません。

あとがき

本書は、元浄土真宗教学研究所長で、龍谷大学名誉教授の故石田慶和先生が、さまざまな機会に親鸞聖人と浄土真宗の教えについて話された講演録や、研究所などの機関誌で掲載された文章を編者が再編集したものです。

現代社会では、宗教の本質についての理解への関心がだんだん少なくなっています。石田先生は、そのことに早くから警鐘を鳴らし、さまざまな機会に、人間にとっても宗教の本質的な意味について明らかにされてきました。そして、親鸞聖人の教えが、科学的知識が一般化し、さまざまな場面で世俗化がすすんだ現代に生きる私たちにとって、ますます大切なものとなることを説かれています。ただ、それらの文章は、さまざまな著作や雑誌に別々に収録されているものが多く、しかもそれらの多くが入手困難になっています。編者のもとにも、それらの先生の文章をまとめて読むことができるようにならないかという要望も多く寄せられていました。

そこで今回、編者がそれらの文章を集め、その内容から「宗教入門―世俗化と浄土真宗―」、「『教行信証』入門―浄土真宗の根本と学びの姿勢―」、「真宗入門―宗教的人間の可能性―」という三つの部門に編集し、本願寺出版社から出版する運びとなりました。

先生が書き遺された全著作は、大きく分けると三つの分野に分けることができます。一つは宗教哲学に関する学術的なもの、もう一つは現代と宗教の諸問題について考察されたもの、そして三つめは親鸞聖人と浄土真宗の教えについての一般向けの文章や講演録です。

京都学派の流れをくむ先生の宗教の本質についての理解には、言うまでもなく浄土教の論理、中でも親鸞聖人の本願他力の念仏・信心についての深い共感が見られます。先生は京都大学で宗教哲学を学ばれた後、哲学科の教授として教鞭をとられましたが、生涯親鸞聖人を慕われ、その思想の宗教哲学的な意義について明らかにしようとされました。哲学的な思索に裏付けられた先生の親鸞聖人と浄土真宗の教えについての深い洞察は、同時に先生の親鸞聖人の教えに対する篤い信仰に裏付けられたものでもありました。

先生は広島の江田島で終戦を迎え京都に戻られ、戦後の荒廃した人心とそれまでとは百八十度変化した時代・社会の中で、変わらない真の生きる依りどころを求めて聴聞を続け、親鸞聖人の他力の念仏と信心の教えに本当の意味で出遇ったとおっしゃっておられました。難解にも思われる先生の哲学的な著作にも、そのような先生ご自身の体験や親鸞聖人の教えに対する厚い信順と帰依の思いが随所に見られます。

ただ、今回の出版では、先生が親鸞聖人と浄土真宗の教えについて一般向けに書かれた文章と講演録のみを編集することにしました。それは、これらの文章に、先生の親鸞聖人の教えに対する思いが直接に語られていると考えたからです。また、すでに発表されている先生の文章は、さまざまな機会に原稿化されたもので、読者として想定されていた対象者も異なっています。原文のままのかたちで出版するとどうしても、統一性がはかれず、読みづらくなってしまいます。そこで、原稿を再編集するに際して、重複する内容や繰り返しについては編者の方で削除した部分もあります。また、各巻の全体の流れを保つために、文章の構成にも若干手を入れたところがあります。石田先生には、龍谷大学入学以来、四十年以上、お亡くなりになるまで、身近に接してお話をお聞かせいただきました。その間の先生のお言葉を思い出しながら、先生のご意図や文章の意味が変わることのないように細心の注意を払ったつもりです。それでも、もし先生のご意図をゆがめたり、意を尽くさないところや誤りがあれるとすれば、その責任はすべて編者の私に帰すものであります。

本書の出版に当たっては、ご遺族の石田慶樹様と伊奈麻里子様にさまざまなご高配をいただきました。また、本願寺出版社の皆さまには、原稿の編集・整理のすべてにわたってたいへんお世話になりました。これらの方々のご尽力がなければ本書をこのようなかたちで出版することはできなかったと思います。深く感謝申しあげます。

混迷する時代社会にあって、宗教的要求という人間の原点に還りながら、そのあり方について深く問われている石田先生の言葉が、多くの方々の人生の支えとなることを願ってやみません。

二〇一九年九月二十九日

編者　嵩　満也
（龍谷大学教授）

刊行にあたって

このたび、小社で発行しておりました石田慶和著『生きることの意味―現代の人間と宗教―』(一九九三年)、『念仏の信心―今なぜ浄土真宗か―』(一九九六年)、『浄土の慈悲』(二〇〇〇年)、『これからの浄土真宗』(二〇〇四年)を整理し、遺稿集として発行することになりました。

本書では、科学的世界観が席巻した現代にあって、どのような視点をもって宗教は語られるべきかということを、宗教学の立場から指摘された内容となっています。

多くの再版を望む声がある中で、これまで小社で発行しましたご著書を、新たにこのようなかたちで多くの方々におとどけできることを、心からの喜びといたします。

本願寺出版社

初出一覧

第一章　宗教とは何か

・人生と宗教―宗教的要求

宗教入門：「人生と宗教」（『浄土の慈悲』本願寺出版社、二〇〇〇年）

一九九九年八月四日、中央仏教学院夏季講座での講演を加筆訂正。

・世俗化と人生の意味―「生死」を超えるということ

「生死を超える」ということ（『これからの浄土真宗』本願寺出版社、二〇〇四年）

二〇〇一年七月二十三日、福井放送「いきいき長寿セミナー」で放送。その後、加筆訂正し、中央仏教学院紀要編集委員会編『中央仏教学院紀要』一二・一三合併号に掲載。

・科学的世界観と宗教―往生浄土ということ

往生浄土ということ（『これからの浄土真宗』）

中央仏教学院通信教育部編『学びの友』第三一巻第二号（通巻三六二号／二〇〇二年）に掲載。

第二章　仏教としての浄土真宗――めざめの宗教

・さとりとめざめ

さとりとめざめ――浄土の教えの意義――（『浄土の慈悲』）

『学びの友』第二八巻第二号（通巻三二六号／一九九九年）に掲載。

・さとりとすくい

さとりとすくい（『念仏の信心――今なぜ浄土真宗か――』本願寺出版社、一九九六年）

『学びの友』第一七巻第二号（通巻一九四号／一九八八年）に掲載。

・智慧と慈悲

智慧と慈悲（『念仏の信心――今なぜ浄土真宗か――』）

『学びの友』第二二巻第二号（通巻二五四号／一九九三年）に掲載。

第三章　浄土真宗の本質―すくいの宗教

・慈悲―生死の迷い

慈悲ということ（『これからの浄土真宗』）

『学びの友』第二九巻第二号（通巻三三八号／二〇〇〇年）に掲載。

・念仏の信心・信心の念仏

念仏の信心・信心の念仏（『念仏の信心　―今　なぜ浄土真宗か―』）

『学びの友』第二〇巻第二号（通巻二三〇号／一九九一年）に掲載。

・「還相」の今日的意義

往相と還相（『念仏の信心　―今　なぜ浄土真宗か―』）

『学びの友』第一八巻第三号（通巻二〇七号／一九八九年）に掲載。

・浄土―人生の洞察と苦悩の解決

浄土（『念仏の信心　―今　なぜ浄土真宗か―』）

『学びの友』第一六巻第二号（通巻一八二号／一九八七年）に掲載。

第四章　問われる宗教者の姿勢

・科学と宗教

現代の教学的課題（『浄土の慈悲』）

一九九九年二月二日、山口教区僧侶研修会での講演を加筆訂正。

・教団の課題

現代の教学の課題　はじめに　一、教団の直面している状況（『これからの浄土真宗』）

浄土真宗本願寺派広報部編『宗報』平成一三年四月号（第四一九号）～平成一三年六月号（第四二一号）まで掲載。

・教学の本質と使命

現代の教学の課題　はじめに　二、教学の本質と使命（『これからの浄土真宗』）

『宗報』平成一三年七月号（第四二二号）～平成一三年一〇月号（第四二五号）まで掲載。

著者紹介
石田　慶和（いしだ　よしかず）

1928（昭和３）年、京都府に生まれる。

1953（昭和28）年、京都大学文学部哲学科（宗教学専攻）卒業。

1971（昭和46）年、京都女子大学教授。

1975（昭和50）年、龍谷大学教授。

1976（昭和51）年、文学博士。

1997（平成９）年、龍谷大学名誉教授、同大学定年退職。

浄土真宗教学研究所長。

2001（平成13）年、仁愛大学学長。

2015（平成27）年、逝去。

著　　書
『歎異抄講話』『親鸞の思想』『信楽の論理』『宗教と科学・ニヒリズム』（法藏館）、『日本の宗教哲学』（創文社）、『親鸞〈教行信証〉を読む』（筑摩書房）、『生きることの意味 ―現代の人間と宗教―』『念仏の信心 ―今 なぜ浄土真宗か―』『浄土の慈悲』『これからの浄土真宗』『一語一会』（本願寺出版社）、ほか。

石田慶和集 Ⅰ
宗教入門 ―世俗化と浄土真宗―

2020年3月6日　第1刷発行

著　者　石　田　慶　和
発　行　本願寺出版社
〒600-8501
京都市下京区堀川通花屋町下ル
浄土真宗本願寺派（西本願寺）
TEL075-371-4171　FAX075-341-7753
http://hongwanji-shuppan.com/
印　刷　株式会社 図書印刷 同朋舎

BD02-SH1-①30-02　ISBN978-4-86696-008-1